出發吧！
哲學
時空旅行

從孔孟到甘地，認識
奠定東洋文化基礎的 12 位思想家

2

金潤秀、尹才薇・著
朴聖日・繪　馮燕珠・譯

說 明

- ⊙ 排除以喜劇故事為主的漫畫要素，把重點放在教養和學習上，努力傳達正確的訊息。

- ⊙ 以韓國、中國、印度等為中心，掌握貫穿東洋的哲學思想全貌。各章節主題以哲學家及其思想標示。

- ⊙ 跟隨歷史的腳步學習不同時期哲學家的思想，包含出現在韓國小學教科書的核心人物及相關的哲學家。

- ⊙ 「趣味世界大探索」系列以提高兒童人文教育水準為主要目標，提供兼具趣味與知識的內容。另有《出發吧！科學冒險》帶領孩子互穿古今，深入瞭解100個改變科學史的大事件！

出發吧!

哲學 時空旅行

從孔孟到甘地,認識 奠定東洋文化基礎的 12 位思想家

2

金潤秀、尹才薇·著
朴聖日·繪 馮燕珠·譯

對人生所有疑問的解答，東洋哲學！

德國哲學家、社會學家尤爾根・哈伯瑪斯來到韓國進行演講時，吸引許多韓國學者到場聆聽，在會後有人問他問題，他卻說了讓人意外的話：

「在明倫堂和海印寺都有答案，為什麼要在我的哲學中研究韓國社會？」在這裡明倫堂指的是儒家哲學，海印寺指的是佛教哲學。

他的回答，給人一種以儒、佛、道為中心的東方哲學，比西方哲學更突出的感覺。他似乎也在反問，為什麼不從東方哲學中尋找答案，反而要從西方哲學中尋求解答呢？

當然，沒有必要掀起東、西方哲學誰比較優越的爭論，但也不必存有東方哲學遜於西方哲學的想法。

不過事實上，很多人認為東方哲學只是我們在路上經常看到的算八字、排命盤、看面相等。但不應只有那樣，在東方哲學裡，關於我們生活的一切都有答案。當然答案不是白白得到的，為了尋找答案，無數的哲學家畢生都在努力研究。

哲學是關於人性根本的疑問及解答，儘管有些部分小朋友目前還很難理解，不過，透過仔細觀察本書中所介紹的哲學家生活，就能找到我們該如何思考、如何生活的答案。

希望藉由這本書，讓孩子們能夠學習更深入地思考問題，度過充滿智慧的人生。

金潤秀

學了數學、英語，現在還要學哲學嗎？

學數學、學英語、學跆拳道、學鋼琴……已經忙得不可開交了，現在竟然還要學這個看起來沒什麼用處的哲學⁉這太不像話了！對不對？那現在我們一起先想一想，一些日常生活中發生的瑣事吧。

最近網絡新聞上有什麼報導？啊！聽說有名的藝人自殺了。什麼？有這麼荒唐的事，聽說有成人在大庭廣眾之下便便？天啊！上了年紀的老人竟然對才七歲的小孩狠心下毒手！整個世界都充斥著恐怖的新聞，爸爸媽媽總是不厭其煩對我們耳提面命，外面很可怕，不要隨便在外面亂跑。

那些可怕的故事和哲學有什麼關係呢？

哲學不像數學一樣有固定的公式，也不像英文字母一樣有明確的單詞，但是在數學公式和英語單詞中，很難找到此刻正發生在我們周遭之恐怖故事的答案，而這個解答，或許可以從哲學中找到。

為什麼不能自殺、性暴力是多麼兇惡的犯罪、道德和規範、為什麼要遵守法律……當然，還有為什麼要學習數學和英語，答案就在「哲學」裡。

因為媽媽叫我要學、因為教科書裡有、因為不想被老師罵……不過你有這麼做過嗎？仔細觀察自己的內心深處，給自己一點時間對人生進行思考，成為自己的主人。如果能擁有這種寶貴的時間，那麼不管遇到多大的風雨也不會動搖。這雖然只是一本書，一些小小的哲學故事，但我希望這本書能幫助各位實現更大的希望與夢想。

尹才薇

目錄

孔子

孟子

荀子

墨子

莊子

釋迦牟尼

甘地

元曉

李滉

李珥

丁若鏞

先認識東洋哲學家代表十二人

孔子

春秋末期儒教思想的始祖。名丘，字仲尼，魯國人。他以仁為基礎周遊列國，強調道德主義與德治，在弟子們編撰的《論語》中，體現出孔子的言行和思想。另整理了《詩經》、《書經》，修訂了《春秋》。

孟子

戰國時代鄒國的思想家，有子輿、子車等不同字號。主張以孔子的「仁」發展的「性善說」，強調仁政。在儒學中是僅次於孔子的聖人，故被尊稱為「亞聖」。

荀子

戰國時代趙國人，名況。主張必須用禮儀來糾正人的性格，相對於孟子的「性善說」，他提出「性惡說」，其著作後世編為《荀子》一書。

墨子

春秋戰國時代魯國人，姓墨，名翟。剛開始曾學習儒家，後來另創墨家學說，形成足以與儒家相媲美的學派。

莊子

戰國時代人，名周。為道家思想的中心人物，他否定儒家思想人為的禮教，主張回歸自然的自然哲學。著作有《莊子》一書。

釋迦牟尼

佛教的創始者，古印度思想家，世界四大聖人之一，他是個出生在皇族的王子，但於目睹人類的生老病死後，感到相當痛苦，於是在二十九歲時出家修行，三十五歲時悟道，此後四十五年間在各地度化眾生，於八十歲圓寂。

甘地

印度的政治家與民族運動領袖，倡導不抵抗、不服從、非暴力的和平獨立運動，後世尊稱他為「聖雄」（Mahatma）。

元曉

新羅時代的僧人，俗姓薛，名誓幢，法號元曉。是新羅十大賢人之一，他創立海東宗，以一心與和諍思想為中心，致力於佛教大眾化。

義湘

統一新羅時代的僧人，新羅十大賢人之一，曾前往唐朝學習華嚴宗。回國後，接受王的命令建造洛山寺和浮石寺，為韓國華嚴宗的創始者。

李滉

朝鮮時代儒學家，字景浩，號退溪，禮曹判書，曾任弘文館和禮文館大提學等職，朝鮮性理學集大成者，主張理氣二元論、四端七情論。

李珥

朝鮮中期的文官與學者，字叔獻，號栗谷，做過戶曹、吏曹、兵曹判書，以及大提學。發展延續性理學的朱子論，與李滉的理論對立。

丁若鏞

朝鮮後期學者，字美鏞，號茶山。改革柳馨遠及李瀷的實學並集大成。「辛酉邪獄」（西元1801年）時被流放到全羅南道的康津，十八年後才獲釋，著有《牧民心書》、《欽欽新書》。

·孔子（西元前551~479）
春秋末期儒家思想的始祖。孔子名丘，字仲尼，魯國人。以仁為基礎周遊列國，強調道德主義與德治。在其弟子們編撰的《論語》中，體現了孔子的言行和思想。另整理了《詩經》、《書經》，修訂了《春秋》。

請問您是誰？

✎ 偉大思想家的誕生

釋迦牟尼、耶穌、蘇格拉底與我並稱世界四大聖人，還不認識我嗎？

在韓國的國小教科書出現，

國小教科書 道德

國中、高中教科書也有，

國中 一百分的孔子 相信我！

大人也看，

向孔子學習良好的職場生活法

哈哈哈哈！看來我可說是地球上各處、男女老幼都認同的人啊！

老實說孔老夫子也不知道自己會這麼有名吧～

不知道……什麼不知道？

那個……在春秋時代，孔夫子的理念要拓展有點……

是啊，在那不幸的時代活得很辛苦呢。

ㅎㅇㅇ~

※唉

我在西元前551年的春秋末期，出生於魯國的曲阜。

我跟兒子年紀相差了五十歲。

我是*孔子，父親為下級貴族武士。我有一個美麗的母親，我是他們的第二個兒子。

喔～真可愛，老來得子啊～

*孔子：名丘，字仲尼。孔子的「子」為古時對老師的尊稱。

但是在我三歲時父親去世，十七歲時母親也離世了。

十九歲時，我與宋國的女人結婚。

我會成為優秀的人讓妳享福的。

結婚誌喜

是……相公。

我所生長的春秋時代，在中國歷史上相當於周朝中期到末期之間。

中國歷史年代表			
歷史開始前		BC170萬年～BC21世紀	原始社會
夏		BC21世紀～BC16世紀	農業社會
商		BC16世紀～BC1066年	農業社會
周	西周	BC1066～BC771	封建社會
周	東周	BC770～BC256	封建社會
春秋戰國	春秋	BC770～BC476	封建社會
春秋戰國	戰國	BC475～BC221	封建社會
秦		BC221～BC206	封建社會
漢	西漢	BC206～AD23	封建社會
漢	東漢	AD25～220	封建社會
三國	魏	220～265	封建社會
三國	蜀	221～263	封建社會
三國	吳	222～280	封建社會

可以說是中國歷史上最混亂的時期。

中國歷史年代表			
歷史開始前		BC170萬年～BC21世紀	原始社
夏		BC21世紀～BC16世紀	
商		BC16世紀～BC1066年	農業社
周	西周	BC1066～BC771	
周	東周	BC770～BC25	
春秋戰國	春秋	BC770～BC4	
春秋戰國	戰國		
秦		BC	
漢	西漢	BC	
漢	東漢	AD	
三國	魏	220～265	
三國	蜀	221～	
三國	吳	222	

將混亂的時期分二等分，之前是春秋時代，我就是那個時代的人。

周朝是實行封建制度的國家，以天子為中心，管理眾多的*諸侯國。

叔父

弟弟

我 天子

哥哥

舅舅

侄子

堂兄弟

諸侯之間彼此都有血緣關係，從中央向四方擴散，以一百里、七十里、五十里的規模分別治理。

第一百號諸侯國什麼時候開幕？

目前居民們還沒有入住完畢……

*諸侯國：在封建時代擁有一定範圍領土，並可以支配軍隊及百姓的國家。

但是到了周朝後期，隨著臣下殺害君王、兒子殺害父親的不幸接連發生，封建制度開始動搖。以血緣關係連結的他們，將刀尖刺向父母兄弟。

啊啊啊

啊啊啊

家族紛爭不斷、殺氣瀰漫啊！

再加上當時開始使用鐵製農具，以及利用牛耕等帶來的經濟變化，讓社會變得更加混亂。

有了鐵製農具，收成也增加了。

哞～

有牛真是太方便了。

租地種田的人，漸漸開始產生想擁有自己土地的欲望。

進洗手間再出來的心情，不是別的吧？

快憋不住了！

於是人們為了滿足欲望而發動戰爭。

把他們都殺了！

哇！ 哇！

隨著大臣殺害國王、子女殺害父親的事情發生，社會制度和秩序逐漸崩潰。

呃oooooo

完全無視自己的父母，這個混亂的的世界！

有一些 *賢者認為再也沒有希望，因而離開選擇與世隔離。

這世界已經沒有希望了。

根本就是世界末日啊！

*賢者：仁善聰明僅次於聖人的人。

但是隨著世界趨於混亂，通常會出現有志糾正社會的偉大思想家！我就是在這個時候向世界拋出了 *出師表！

※思想家大選

사상가오디션
위대한탄생

※偉大的誕生

*出師表：源自三國時代蜀國丞相諸葛亮出兵時上呈給王的奏章，此處為比喻。

參選編號205號，孔子！

簡歷
姓名：孔子
（不是免費）
生日：2500年以前出生
時代：春秋時代
經歷：目前尚無

孔……

子～！是也。

啊啊啊

哇！這麼說來孔子是為了拯救混亂的國家才會出來的喔！

讓我一展抱負的地方在哪裡？

🍃 政治家的夢想遙不可及

雖向亂世投出了出師表，卻沒有人能理解我⋯⋯

我與那些逃避混亂的世界隱居，與世隔絕的 *隱士不一樣。

這又怎麼樣，那又怎麼樣～

為了拯救國家，不管哪裡，只要需要我就會前去。

首爾～釜山、大田都去了。

哇哇哇

*隱士：指避世隱居山野的有智慧的人。

從管理倉庫物品的倉庫管理員開始做起。

不是那裡，往那邊去。

管理

倉庫

一直到照顧牲口的乘田吏，都堅持著努力的做。

唔唔～快快長大吧！

哞～（吼）

1等獎

自從你來了之後，牛好像就長得更好了。

當時，魯國年僅十九歲的少主登上王位。

啊～真好喝～再來一瓶！

牛奶

不懂人情世故的小鬼要如何統治國家？

季孫

孟孫

叔孫

那沒什麼好氣憤的啦。

是啊！在那個木偶後面，我們可以隨心所欲。

咦

就這樣，魯國的實權落在季孫、叔孫、孟孫三桓的手中。

啦啦～這個好有趣啊！

♪♫

魯國情況越來越糟，三十五歲那年，我毅然前往比魯國政治穩定、資源更豐富的齊國。

在齊國，一定能將我的想法發揚光大。

成功落地！

魯國

齊國

9 10 9 10

噔噔

請問需要我幫忙嗎？

沒有什麼需要的嗎？

不用。

可是我在齊國也有志難伸。

到底有哪裡可以讓我一展抱負呢？

風蕭蕭

讓我一展抱負的地方在哪裡？ • 19

結果我又再次回到魯國。

暫時先專心研究學問吧！

※魯國

《論語‧為政篇》的一段

孔子說：「我到四十歲才能對一切都不困惑；五十歲時理解自然的規律；六十歲能明辨是非；七十歲能隨心所欲卻不違規。」

*二十歲 弱冠：古時男子到了二十歲會行冠禮。

*三十歲 而立：孔子在三十歲時能夠自立。

*四十歲 不惑：四十歲開始不被外界的表相迷惑。

*五十歲 知天命：孔子到了五十歲懂得什麼是天命。

*六十歲 耳順：孔子六十歲開始對任何事都能理解。

然後我在五十一歲時被任命為魯國中都宰。

好吔！好吔！就讓你們瞧瞧我的能力吧！

啊哩~

後來魯國的君主又任命孔子擔任司空。

相當於現在的內政部長。

我堅決進行政治改革。

※我是國會議員

慢慢來吧……

是……

改革——！咚咚！

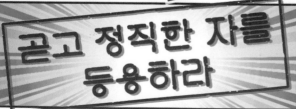

※任用正直之人

從政治改革開始，我還在司法、行政、外交等領域都發揮了能力。

司法　政治　行政　外交

呀！

你是誰？

這次往那邊去。

但那只是短暫的。

進獻貢品～

改革不是件容易的事啊！

於是我開始*周遊列國。

沒有一個地方能夠了解我啊。

滾嚕嚕

*周遊列國：走遍天下，看世界。

十四年後的西元前484年，我六十八歲，結束了漫長的流浪生活，再回到我的祖國──魯國。

Welcome 노나라

※魯國　　※孔子又回來了

之後，我開始正式教導學生，並撰寫各種各樣的書。

六十八歲回到祖國的我，以《詩經》和《書經》為開端，整理了《春秋》和關於禮的記錄。
據說描寫春秋戰國時代的著作「春秋」就是源於此。

詩經　　書經　　春秋

雖然他沒能成為政治家，但卻成了最偉大的哲學家。

弟子三千？

🍃 教導君子之道

那個⋯⋯
我弟子很多吧！
呵呵呵～

嗯⋯⋯

為什麼
會這樣？

看來孔老夫子
可能這兩天就
不行了。

嗚嗚嗚

孔老夫子
⋯⋯

怎麼會
這樣？

現在不是哭
的時候！

呃？

嗚嗚

孔子的葬禮
將隆重舉行，
大家做好準備吧！

哼⋯⋯你們是在
祈禱我死啊！

當時貴族身為＊家臣，葬禮習慣上都會辦得很隆重。

＊家臣：臣屬於達官顯貴家中侍奉的人。

然而我並非貴族，但為了給我一個隆重的葬禮，子路召集了數千名我的弟子。

要盛大隆重地送孔夫子走。

哇啊哇啊

孔夫子治喪委員會

誰要你為我辦這種貴族的排場？

哼

子路

那個……不是的……

就是啊，為什麼要用貴族的排場……

如果不像孔子有那麼多弟子，恐怕還辦不到吧。

噓！安靜一點。

可是孔子好像也有點欣慰的感覺？

哼！結論就是我有很多弟子。可以說我的教育很特別。好，來聽聽看吧～

當時的教育，都在由國家掌管的機關裡進行，所以我可以算是最早開始私人教育的始祖。

※孔子學院

공자학원

完全一對一學習

招生截止

免費＊學院？不用錢？

＊譯註：韓文的「孔子」發音近似「免費」。

只要是想求學的人，無論男女老少，我都會接納，讓他們成為我的學生。

請教導我吧！

請教導我吧！

請教導我吧！

請教導我吧！

所以我有各種出身的弟子。

我是孔子的弟子顏回，農村出身！

我擅長做生意，很有錢。

我的前一個職業是俠客。

唰

咚

我要教給各位的就是君子之道。

君子？

炒栗子我是知道，不過君子倒是第一次聽說。

我教導學生要具備善於主持政治、治理好社稷的君子特質。

可是我們也可以主持政治嗎？

我們並不是貴族啊。

能不能不是依照與生俱來的身分，個人修煉的能力和品德才是最重要的！

江南明星講師

這與現在孩子們上課的方式也不一樣。

畫底線，唰！

唰

換句話說，我的教育是針對每個學生不同的性格和狀況，量身訂做的。

下一個，子路進來吧。

是。

孔夫子，從您那裡學到的東西必須立刻付諸行動嗎？

你可以回去跟家人討論過後再實踐。

子路

孔夫子，從您那裡學到的東西必須立刻付諸行動嗎？

沒錯，必須立刻付諸行動才對。

顏回

面對性格急躁的子路和優柔寡斷的顏回，所施予的教法不同。

啊～那樣做就可以了吧。

我強調弟子必須自己努力，還把特別優秀的學生分成特優班進行教育。

顏回　子路　宰我

我們都是孔子的弟子！

儘管我教導了許多弟子，但相對地，我也從弟子那裡得到許多教誨。他們既是晚輩、學生，對我來說也是老師！其中最有名的就是*「孔門十哲」的弟子們。

所以他們就是孔門弟子中的前十名囉！

*孔門十哲：在受教於孔子的眾多學生中，學德高尚的十名弟子，有顏回、閔子騫、冉伯牛、仲弓、冉有、季路、宰我、子貢、子游、子夏等十人。

「仁」是什麼？

具備符合人性的東西

雖然不能只挑一個來說……不過怎麼說，我的專長都是『仁』。

你為什麼那麼傷心？

呃！老虎？

我唯一剩下的孩子也被老虎……

聽說最近村子裡出現了老虎，大家人心惶惶……

這一年間，我先後失去了父親和丈夫，現在連孩子也沒了。

怎麼會這樣……

我也不想活了……

不如乾脆狠下心，離開這裡到別的地方生活怎麼樣？

去其它村子……嗚嗚！
要嘛被稅金壓得喘不過氣，
要嘛被老虎吃掉，
到哪裡都一樣嘛！

無論是君王
還是老虎，
都一樣會啃
食人啊。

現在這時代，*為政
者應該照顧百姓，
但看來卻比老虎
還可怕……

簡直是
世界末日。

*為政者：從事政治帶領國家的人。

王位現在是
我的了！

血脈相連的兄弟之間，為了爭奪土地不惜刀劍相向，那是因為
他們缺乏了君子之德。

不管哥哥是
怎麼想的，
都絕對想不到！

呃
啊！

君子是道德高尚的人……

像我這種人
就是君子。

呃……是
王子病吧。

作者

真正的君子，懂得什麼是「仁」。

我不是人類，
所以沒關係。

子女對父母要恭敬，要孝敬父母。

希望您長命百歲。

臣下要尊重並侍奉君王。

對君王忠心。

立正

謝謝你啊。

孩子懂得尊敬大人，遵守禮節。

這些行為集合在一起，就是「仁」。

孝

忠

仁

禮

仁可以說是一種人品，而君子就是具備這種人品的人。

人雖然為人，但並非全都稱得上是人。

如果這樣的人成為總統、國會議員，那麼世界會不會變得更溫暖呢？

孔子進軍國會

孔子！

孔子！

孔子！

孔子！

孔子！

請支持登記二號的孔子！

但是，現在世界上似乎充斥著人不像人的現象。甚至可說是 *人面獸心。

這不是人也不是動物啊！

嗚嗚～

*人面獸心：意指雖然擁有人的臉孔，但內心卻像禽獸。形容心境和行為兇惡。

來自孔子的一封信

🍃 比起「做什麼？」，「怎麼做？」更重要

你們想成為什麼樣的人？

好好用功，成為優秀的科學家。

複製另一個我幫媽媽跑腿。

會唱歌跳舞成為有名的大明星。

才藝表演

去整型變漂亮，讓所有人都喜歡我。

賺很多錢成為大企業的CEO。

年薪上億的高收入菁英。

能言善道，成為夢想的政治家。

以後一個禮拜只要去學校上一天課就好。

不過實際上可以從新聞中看到，許多社會地位高的人，也會引發問題。

原因是什麼呢？

我認為，做什麼事固然很重要，但更重要的，是成為怎樣的人。

水準真低

今天五花肉、明天韓牛、後天吃里脊肉吧！好吃～

滋滋滋

用這些錢給隔壁村撿回收的老奶奶裝個暖氣吧。

我想說的，就是希望你們能培養「君子」的德行。

*烤栗子就是君子嗎？

呱噹

*譯註：韓文的「烤栗子」和「君子」發音相似。

不同於因在意別人觀感或評價而猶疑的人，君子是相信自己信念的人。

我相信我自己。

君子事事不急躁，總是保持寬廣平和的心態。

時候到了自然就會出來了。

孔子我的故事就到此為止，你們是將來照亮世界的燈。

呼！有一點悶啊。

現在終於結束了。

你們這些傢伙！把頭上的燈火滅掉！滅掉！

希望你們不要只看眼前的成果、不要只重視外表，要像君子一樣深思熟慮，展望未來，成長為溫暖的大人。

內心比外表重要。

品德比成績重要。

再見！

56

・孟子（西元前 372 ～ 289）

戰國時代鄒國的思想家，有子輿、子車等不同字號。主張以孔子的「仁」發展的「性善說」，強調仁政。在儒學中是僅次於孔子的聖人，故被尊稱為「亞聖」。

又要搬家了！

🍃 孟母三遷

大家好，我就是孟子。媽媽說，她做的一切都是為了子女教育！

有句名言叫「孟母三遷之教」，母親為了我的教育，總共搬了三次家。

迅速確實搬2424

我們一開始住在公墓附近，因為沒有地方可玩，所以我無聊的時候就跟著掃墓的人哭，媽媽看到之後就決定搬家。

哎喲！哎喲！　　哎喲！哎喲！

可是，卻偏偏搬到市場附近。我成天模仿市場的商販賣東西。

選選看

大叔來挑挑看　　大嬸快來選選看

挑挑看

這裡也不適合孩子居住啊。

最後我們搬到私塾附近。我沒別的事可做，所以就跟著唸書。看到我讀書的樣子，媽媽非常高興。

私塾

這下終於找對地方了。

天空的天，地上的地⋯⋯

應該有很多孩子已經了解孟母三遷之教。不過可能不知道這個——*孟母斷機之教。

過了這裡就到家了，馬上就能見到思念的母親！

當時，我離開母親身邊，正跟著一位有名的老師學習。

但是有一天突然很想媽媽，於是我立即動身回家。

媽媽！媽媽！我回來了，媽媽！

果然不出所料，媽媽見到我非常高興。

媽媽！

哐哐哐

怎麼會……*軻兒？是軻兒嗎？

你都已經學成了所以才回來的嗎？

搔頭 搔頭

那個……呃……還沒有全部學成啦～媽……

*孟母斷機之教：孟子中斷學業回家，母親知道了剪掉織好的布，以訓誡孟子中途輟學。

*軻：孟子的名。

因為我太想念媽媽，所以就跑回來了！

倏忽

媽……媽媽，兒子回來了，您要殺豬加菜嗎？不過比起豬頸肉，我更喜歡吃五花肉……

但事實上，媽媽用刀把織好的麻布割斷了。

媽……媽媽！

唰

唰

媽媽，您冷靜一點，媽……

唰 唰

你書沒唸完中途回來，這就好像媽媽我把剛剛織到一半的布割斷一樣！

憑你這種毅力，又可以做什麼大事呢？

我知道錯了，媽媽。

嗚嗚

我媽媽很可怕吧？是啊，是很可怕，不過她都是有理由的。

夫人，真對不起，我留下年幼的孩子先走。

相公，你振作一點。

我從小就失去爸爸，所以媽媽一個人全心全力教育我。
我一想起媽媽就流眼淚。

相公，我會把軻兒扶養成比任何人都優秀的人。

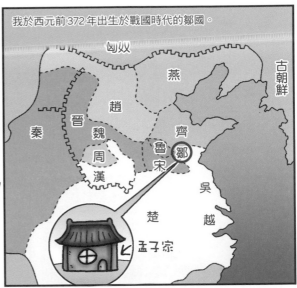

我於西元前372年出生於戰國時代的鄒國。

匈奴
燕
古朝鮮
趙
秦 晉
魏
周
漢
齊
魯 鄒
宋
吳
楚 越
孟子家

我是誕生於孔子去世一百年後，繼承他的超級明星。

是真的！如果不相信就看這部影片吧！

孟子嗎？哎喲！他真的是很了不起的人。

當然了，他是僅次於孔子的聖人啊！

當時，我出生的戰國時代，有數十個國家為了一統天下而爭鬥。

當時是睡一覺起來，王位可能就換人坐的混亂時代。後來這數十個國家逐漸被併吞成為七個主要的國家，稱為戰國七雄。

嗯，以後應該會遇到這些國家的君王。讓我清一下喉嚨，嗯，嗯～很好，出發吧！

孟母真誠的教育造就了聖人孟子。

57 ・孟子・仁義政治

仁與義是什麼？
平和的家與正確的道路

仁其實是
孔老夫子的
專長……

「仁」主要是孔子強調的，
我主張的是「仁」與「義」。

我們是
好朋友。

仁與義在我的書《孟子》中闡述得很清楚。
仁，就像是人們生活的平和之家；而義就是道德價值，
就像人必須走的正道一樣。

不過當時，義並不如仁、勇、知、信來得重要。

也讓我
加入吧。

我媽媽說
不要
跟你玩。

我媽也
這麼說。

但是我將義與儒家的最高品德「仁」一起，
放在 *同列。這是因為我是繼孔子之後
最棒的超級明星，所以才能這麼做。

我也要跟
義一起玩。

這個
……

好帥喔！

是我先
說要跟
他玩的。

*同列：同樣的地位或水準。

總之，我就像其他哲學家一樣，為了實現自己的抱負，帶著《仁義》到很多國家旅行。

老師，這裡是秦國邊境了。

◀秦國

但我的「仁義」並未受到歡迎。

商販禁止進入。

我們才不是商販！這位是誰你們知道嗎？怎麼敢如此無禮？

戰國時代的君王只想著該怎樣才能吞併其它國家？怎樣才能培養強大的軍力？怎樣才能製造可怕的武器？根本連想都不想「仁義」為何。

我們去其它國家吧。既然不接受我的想法，那麼也沒有必要非去不可。

是，老師。

哼

後來我受梁惠王的邀請去梁國時……

歡迎，從此地開始即為「梁國」

我越過國境進入村子裡，發現到處都是百姓的屍體。他們不是因戰爭或疾病而死，是因飢餓而死的。

嗯，這味道～

我快吐了。

這裡簡直就跟地獄沒兩樣啊，老師。

唉！真是太可憐了，太可憐了。

不只那裡，在前往梁國首都的路上，我看到很多地方都是那樣。

所以我心想，梁國人民一定都很痛苦吧！就這樣進入了京城中。

但那完全是錯覺。在京城裡瀰漫著香噴噴的食物氣味，人們的穿著與臉上的表情，也和我在路上看到的完全不同。

喧嘩

吵鬧

瞬間，我心底冒出一絲火來。

遠道而來真是辛苦你了，孟子。

憤怒

發抖

我一看到梁惠王，就忍不住大聲咆哮，就算他要因此殺了我也不管，我就是有話要說。

身為如同老百姓的父母一樣的人，怎麼可以這樣？

※嚇一跳

脖子目前還好好的，看樣子惠王好像並不怎麼生氣。好險好險。

欸？居然沒被殺死？

摸一摸　摸一摸

孟老師千里迢迢來到這裡，好啊，你要怎麼樣讓梁國得到更多利益呢？

國王怎麼能講利益？

經營國家除了利益還有別的嗎？

當然，就是仁與義啊。

仁與義？請再多說一點。

現在全天下都在追求利益。

所以才會發生兄弟、君臣、父子之間互相殘殺、駭人聽聞的事。

君王若是仁慈，百姓就不會反抗如父母般的君主；君王若是有道義，就不會發生背叛君王的事。因此，作為君王現在應該實行仁義治國，而不是一昧的追求利益。

嗯……我知道了。

所以仁與義就是讓百姓可以過安穩生活的品德。

58 · 孟子 · 性善說

什麼是性善說？

🌸 人一出生就帶有善良的心

意思就是人性本善啊！

綜觀古今中外，世界上總會有不惜付出自己奉獻愛心的聖人。

德蕾莎修女

張起呂博士*

在我生活的戰國時代，關於人的本性有各種主張，爭論非常熱烈。

人的本性原本就沒有善惡之分啊！

今天的主題
人的本性是？

← 我的名字？告子

不，人是有善惡之分沒錯，但那是依照如何培育本性來決定這個人是善還是惡。

什麼話？人從出生開始，就有善和惡之分。

面對他們的主張，我斷然說了一句：

人的本性是善良的！

呃，好吵。

*譯註：張起呂博士被稱為韓國史懷哲，也是於釜山東區設立最早的韓國醫療保險「綠十字醫療保險組織」之創辦人，一生行醫並幫助貧苦人家。

那人心驚膽戰地跑過去抓住了那個孩子。

危險啊！孩子～

呵 呵！

嗶 嗶

緊急救了孩子的那個人，是什麼樣的心情呢？

呵呵呵

呼～嚇壞了，這孩子真是～呼！

呼呼

他是想救了孩子，然後向孩子的父母要錢？

我救了你們的孩子，你們當然應該報答我不是嗎？

Money～

或是希望得到村裡大家的稱讚呢？

真不好意思～！

你真是太棒了，太帥氣了。

啪 啪 啪

如果都不是，那是不想被別人指責說自己看著小孩掉下去卻見死不救嗎？

怎麼連挽救幼小生命的念頭都沒有呢？

壞蛋～！

其實，一切只是因為看到孩子就快要掉下水時，從那男人心中浮現的純粹想法罷了。

兒子啊～

爸爸 媽媽

搖搖 晃晃

一看到陷入危險的孩子，瞬間產生了要救人的想法，這就是人性本善的證據。

如果人性本善，那麼為什麼還會有殺人的險惡亂象？

是啊，如果按照先生所說人性本善，那麼我們現在應該過著像堯舜時代一樣和平安樂的日子啊！

那麼，我就再舉個 *牛山之木的例子。原本有一座山，草木長得非常茂盛。

*牛山：連一株草也不長的禿山。

但是樵夫們每天砍樹，加上又放牧牛羊，把草都啃食光了，結果山上連一棵樹和一株草都沒有剩下。

好吃
好吃
好吃

人們看到光禿禿的山，都認為那座山原本就沒有樹。但事實上樹和草還沒長大就被砍下、被吃掉了，所以讓山失去了原本的樣子。

人也一樣。人心中都有善的因子，但如果每天像砍樹一樣將心中的善削去，那麼遇到事情時還會展現出善良嗎？

點頭
點頭

啊哈！所以只要我們心中的善良因子能夠茁壯成長，世界就會變得和平。

孟子和告子是對手嗎？

🌿 人性本善 vs. 人性無善惡

說是那樣說，但我的對手是獨一無二的。

大家好，我是告子。
嗯，告子這個名字有點奇怪對吧？
不過一點都不怪，
事實上我的名字叫告不害，我姓告。

Hi~!

我是齊國人，與孟子是同一個時代，
但遺憾的是並沒有留下什麼關於我的紀錄。

孟子的書

只是在孟子和其弟子們
起草的《孟子·上篇》中，
出現了告子和孟子針對
『人的本性』展開的爭論。
那是我身處於那個時代
的唯一證明。

我與孟子就像前面描寫的那樣，
對人的本性展開了爭論。
說什麼人性本善啊？

人的本性
是善良的！

呃，好吵！

我，告子，主張的是性無善惡說。
人的本性既不是善良，也非惡毒，
都是因為所受教育的影響而為善或為惡。
意思就是說，兩邊都有可能啊。

在唸書啊~

呿！唸什麼書啊~

雖然是很久之後的事情，不過在西方有不少哲學家追隨我的想法。
例如著名的伊拉斯謨、洛克、康德等等。

伊拉斯謨　　洛克　　康德

當然，我不知道
他們是否真的照著
我的主張去做。

總之，我不同意孟子人性本善的主張。

不同意的話
你想怎樣？

哼

喔！
孟子老師！
好久不見了。

是啊，
還真是好久
不見了。

對了！剛才告子說
你的人性無善惡之說，
很多西方哲學家
也追隨是吧？

是啊，
西方那些有名
的哲學家都
這麼說。

我的性善說也一樣。
不知道大家知不知道
盧梭，他也追隨我的
想法呢。

就是
這一位

盧梭

告子

60 ·孟子·以仁為政的王道政治

王道政治是什麼？
🍃 君主的心意表現在政治上

君王，王道中揮舞的不是刀，而是道啊！*

*譯註：韓文的「刀」與「道」字音相同。

王道政治是我的專業！把刀掄好就行啦！

我就是王！

呃～又開始了！……

揮舞著刀的君王實行的是只靠武力統治的霸道政治。我主張的*王道政治並非以武力，而是以仁心與道德為基礎。

霸道政治滾一邊去。

仁 碎 德 碎

啊～～～

離開地球吧

*王道政治：以仁為本治理天下之道。是儒學的理想政治思想。

為了實行王道政治，最重要的就是君王必須懷有仁慈之心。

仁慈的心表現在政治上時，王道政治才算開始。

所以君王要意識到自己善良的本性，並且時常保持，這點非常重要。

這是我跟齊宣王見面時的故事。齊宣王對我說過這樣的話：

孟夫子，到底要擁有什麼樣的德性，才能成為一統天下的王呢？

只要是真心愛民的君王，誰也阻擋不了他治理天下。

像我這樣不完美的人，也能好好照顧老百姓嗎？

當然，您一定可以做得到。

你有什麼根據認為我可以做得到？

我從您的臣下那裡，聽過這樣的故事。

宣王有一天在殿堂上，看到臣下牽著一頭牛經過。於是宣王問：

你要把牛牽去哪裡？

是，殿下！這牛是要帶去*釁鐘用的。

*釁鐘：古代祭神時用牲血塗鐘的儀式。

嗯……還是放了吧。我不忍看牠那樣驚懼受死的樣子。

哞

那麼就不釁鐘了嗎？

不，當然不行，就用羊代替牛吧。

是不是曾發生過這件事？

沒有錯。

您懷有這種仁心，只要發揚光大，就足以稱霸天下；可是一般無知的百姓，卻都以為王居然會捨不得一頭牛呢！但我知道這是您的惻隱之心啊！

沒錯，我也聽說有百姓這樣議論寡人。齊國雖小，但寡人也不至於吝嗇一頭牛吧。我是不忍看牠那樣恐懼發抖的樣子，就像沒有犯罪的人卻被押赴刑場似的，所以才用羊去替換啊！

我真是覺得牛可憐才用羊換的，謝謝孟夫子理解我的心意。

可是您覺得牛可憐，怎麼不覺得羊可憐呢？

我也不知道為什麼會那樣。

雖然不是因為捨不得牛才換成羊，但百姓認為君王吝嗇也是必然的。

讓我來說明吧，那是因為您親眼看見了牛的恐懼，但卻並未看到羊的害怕。

聽孟夫子這麼一說，我心裡就覺得好多了。不過若有那種心意，就能當好一個君王嗎？

如果有人向您稟告，說我力氣大到能舉三千斤，但卻拿不起一根羽毛；眼力好到可以看見很微小的東西，卻看不到一整車的木柴。您會相信嗎？

……當然不相信。

既然王可以對牛施以恩澤，那麼為什麼不能施予百姓呢？

…

拿不起一根羽毛是因為不肯用力，看不見木柴是因為沒有用眼去見。

因此，君王不是無法好好治理國家，而是不肯用心去做。

君王只要守護好像憐惜牛那樣的本性，並將之發揚光大，擴及到百姓身上，就可以了。

我明白了。

孟子說，君王之所以不會治理國家，並不是因為沒有能力，而是不肯好好做而已。

61

・荀子（西元前298～238）

戰國時代趙國人，名況。主張必須用禮儀來糾正人的性格，相對於孟子的「性善說」，他提出「性惡說」，其著作後世編為《荀子》一書。

請自我介紹！

➤一生實踐「道德」的思想家

大家好，我就是以『性惡論』聞名的荀子。

就是那裡，那裡！

匈奴

燕

趙

晉

魏

周

漢

齊

魯鄒

宋

吳

越

楚

我於戰國末期的西元前298年出生於趙國。

那是孔子死後二百年，孟子也已經離世了。

我的名字是況，荀況。

你叫荀子？我也是順子 *啊⋯⋯

李順子→

*譯註：「順子」與「荀子」韓文發音相同，李順子是韓國前總統全斗煥的妻子。

不過荀子五十歲時才被載入史冊。知道《史記》吧？是*司馬遷寫的歷史書。

史記

司馬遷 著

*司馬遷：中國前漢時的歷史學家。

看！看！出現了！

但為什麼從我五十歲時才開始出現呢？這我也不知道。

難道是我年輕時做了什麼壞事嗎？

我五十歲的時候去了齊國。
在那裡有一個名為 *稷下學宮的地方，
學者們聚在一起學習。孟子也曾在那裡待過。

我在
這裡!!!

祭酒！祭祀的東西
已經準備好了。

知道了，
我馬上過去。

看到了吧，我還擔任只有最優秀思想家
才能擔任的祭酒一職

祭酒。

祭酒。

*稷下學宮：齊宣王在國都臨淄附近擴置學宮，招天下名士會集於此自由講學、著書論辯。

祭酒是在國家有活動的時候負責祭祀的學者，
雖是名譽職，但對稷下學宮的學者來說
是至高無上的榮譽職。

但是過不了多久，我就因遭到別的官員進*讒言而丟官了。

擔任祭酒的荀子
利用自己的職權
害了許多人，
應該馬上把他革職！

是嗎？
荀子不是
那種人啊。

簡而言之就是告
狀。呿，我不做
總可以了吧。

於是我離開齊國，去了晉國。

去晉國吧！

好快啊……！

*讒言：誣衊、誹謗別人，挑撥離間。

但是，當時秦朝是由嬴政（後來的秦始皇）統治，他崇尚*富國強兵，
所以我並未受到歡迎，因為我是強調「德」的哲學家。

我們應該
不合適。

就知道會這樣，
那麼我先告辭了。

*富國強兵：使國家富裕，軍隊強盛。

離開秦國，我回到趙國，
後來受楚國最有能力的春申君邀請，
我去了楚國。

果然還是
春申君
了解我！

春申君與齊國孟嘗君、趙國平原君、魏國神陵君，
合稱為戰國四公子，門下有三千名食客。

快來快來！
歡迎你，荀子。

還特地
來接我，真是
太感謝了。

我留在那裡對春申君
說了很多我的想法，
後來他將蘭陵這個地方交我管理。

希望先生
去治理
蘭陵。

我怎麼能
……

這正是大好機會，
可以實現您
一生倡導的
「德」啊。

真是
太平盛世！

正如春申君所說，
我在蘭陵盡情施展我的哲學。

就是啊。
領導人換了，
世界也跟著變了。
哈哈哈！

但那也只是暫時的！可惜後來春申君在權力爭奪戰因失敗而死去。
我辭去了官職，一直到死為止都在這裡教導弟子並寫文章。

哈 哈
哈

終於將《荀子》
三百二十二篇
全都完成了！

真可惜
春申君死了，
不然荀子的思想
也許能更加
發揚光大。

是把上天拋棄了嗎？

🍂 人的福與禍和自己的努力有關

因為上天
只是上天，所以
不用害怕。

是啊，
我拋棄了
上天。

上天對我而言沒有任何意義，
畢竟天就只是天而已。
但是很多人害怕與天之間離得
越來越遠，那是因為他們相信
上天是萬物之源。

孔子說過這樣的話：

世上沒有
比天更偉大的，
但惟有堯的德性
能與天相較。

孟子也這麼說過：

道德的根源是
上天，所以才會
選擇德性高尚的
人成為君王。

是呀，他們都說的很好。
不過我認為天只是自然
現象，就算現在和上天斷絕
關係，我也覺得沒問題。

太過分了！

天

但是東方的君王對上天的變化
向來很敏感。

咻

流星正在墜落！
這是大人物
離開人世的
不祥徵兆。

每當發生乾旱或洪水、日蝕或月蝕、彗星等自然現象時，
君王總是會認為是自己的德性不足才會發生那些事。

上天啊！
請您一定要消消氣，
下雨吧！下雨吧！

君王把天災解釋為上天的警告，時時感到警戒並謹慎看待。

這些災害是上天對我們發出的警告。
從今天起把舒服的床收起，
要在硬梆梆的地方睡覺。
早餐、午餐、晚餐簡單就好，
只要有飯、鹽和水就行了。

大碗的喔～

我認為，
對那些天災
有所警戒是好的，
但不應該
感到恐懼。

因此我提出了這樣的主張。

上天的運行
有其永遠不變的規律，
並不是因為某個君王
而存在，也不會因為
哪個君王而消失。

咻呼呼

這是什麼意思呢？堯雖然是中國最偉大的賢君，而夏桀是出了名的暴君，但並不會因他們為百姓帶來德政，或是帶給百姓痛苦而改變上天運行的規律。

暴君

我的名字不是「girl」，是「桀」！*

賢君

嗨！我是堯～！

*譯註：韓文的「桀」發音與英文的「girl」相近。

所以，即使向天祈求懲罰桀那樣的暴君，或者祈求再出現一個像堯一樣的賢君，都毫無用處。

拜託！拜託！祈求上天懲罰桀，再賜給我們一位像堯一樣仁慈的君王吧！

膜拜

為什麼耳朵這麼癢？

因為上天總是順著既定的軌道自然運轉。

如果上天不是最重要的，那什麼才是呢？老師！

就是你！

什麼？

像你這樣的人，所做出的行為才是最重要的！

啊？我不懂這是什麼意思啊，老師。

搔頭 搔頭

也就是說，人的禍福並不是來自上天的賜予，而是取決於自己的努力。

禍 福

我要抓住「福」！！

不再依賴上天之後，我開始看到過去看不見的東西。為了滿足自己的貪慾，人們彼此爭執不休的真實面貌。

就是人性本惡！

當時的君王和百姓們都認為上天是神聖的，唯獨荀子敢說『上天不過只是天而已』，這種勇氣值得鼓掌。讚讚讚！

性惡說？那是什麼？

🍂 惡的本性要靠教育改變

性惡說
顧名思義就是
『人性本惡』。

一言以蔽之，性惡說與孟子的性善說是相反的主張。

人性本善。

不，
人性本惡
才對。

孟子

荀子

或許是這樣，在當時我是受尊敬的哲學家，
但後來卻有許多學者不知道我的名字。

荀子？
那是誰啊？

我知道孔孟
（孔子與孟子），
但沒聽過荀子。

而且宋朝以後的儒家學者們乾脆都不理我了。

孔子的後繼者為
孟子，但之後儒家的
*道統完全斷絕了

我們不承認
荀子。

這些傢伙
真是……

也許就是因為我主張的性惡說，
違反了孔子與孟子傳承下來的儒學傳統。

不承認也沒關係，
我不會因此改變
我的主張。

激動

*道統：道學（儒）系統。

看了《孟子》篇，無論是性善說還是性無善惡說，在西方都各自有認同的哲學家。

我本來不想自賣自誇的，不過我的性惡說在西方也有哲學家提出類似的主張。

具有代表性的西方哲學家是義大利的馬基維利、英國的霍布斯、德國的叔本華，他們也認為「人的本質是惡的」。

馬基維利　　霍布斯　　叔本華

來，這就告訴你們我為什麼主張人性本惡。

簡單來說，例如我們的眼睛和耳朵，看見是眼睛的本性，聽見是耳朵的本性，這些不是學來的，而是天生就具備的能力。

現在看到的就是「雙子葉植物」。

聽

看

啊～這就是雙子葉植物啊！

餓了想吃東西、冷了會想待在溫暖的地方、累了就想休息，這些都是人天生自然的欲望。但是這些自然欲望的基礎是 *自私。

好想再吃……

啊，那房子真好～

再睡五分鐘就好～

*自私：只追求自己利益的心理。

我曾經說過：

人有欲望就是活的，
沒有欲望就是死的。

如果人像現在看到的，放縱自己的欲望行動會怎麼樣呢？

我想再
多吃點！

吃 吃 吃

吃

我要比你
吃得更多！

人的欲望無窮無境，
當滿足欲望的 *財貨不夠時，
就會發生搶奪、鬥爭。

※這是我的！
내꺼야!

※放手！
내놔!

*財貨：可以讓人類滿足願望的所有東西。

依我看，就是因為人的本性之惡原封不動地
暴露出來，才造成春秋戰國時代的混亂。

所以我才說
人性本惡！

指

我主張就是因為
人性本惡，
所以才會想做善事。

嗯？既然人心是惡的，那又如何能做出善事呢？
我不認為是那樣啊，老師。

你們
聽好了。

無德的人希望積德，醜陋的人希望變得美麗。

貧窮的人想要致富，身分卑微的人想變得高貴。

我想變成有錢人。

雖然現在是奴隸，但我希望可以成為貴族。

人們總想從外面取得自己原本沒有的東西。

孟子的性善說和我主張的性惡說，在這裡出現了決定性的差異。

人類具有善良的本性，必須好好珍惜並發揚光大。

孟子強調要把內在的人性道德向外擴展。

而我認為人的本性是惡劣的，所以應該從外部引入善的因子到我們的內心。

所謂外部指的就是教育和學問。我主張透過這些影響，讓人改變本性的惡。

化性起偽

化性起偽，改變人趨於惡的本性，使其變得善良。

所以，人本性中的惡因子，可以透過後天的努力，也就是『教育』來改變。

64

・荀子・人為＝禮

禮是什麼？

🍃 改變人性本惡的社會控制手段

是指回答長輩時
說的『是』＊嗎？
才不是呢！

＊譯註：「禮」與「是」韓文發音相同。

你們不會
不知道
『禮』吧？

指

好，那我們就開始吧。
我在前面說過能克服
人性本惡的是什麼？

化性起偽。

沒錯！
化性起偽，
用人為的努力
改變本性的意思。

化性起偽

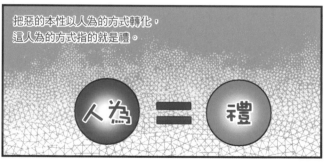

把惡的本性以人為的方式轉化，
這人為的方式指的就是禮。

人為 ＝ 禮

人的本性為惡，
不以禮糾正的話，
社會就會陷入混亂。

我說的禮與孔子的禮不同。孔子主張的禮是指要展現內心的仁義，
我主張的禮就是從外在控制人類本性的一種道德規範。

我說的禮
是上天賜予
的品德。

我講的禮，
是指本性為惡的人
原本沒有善的種子，
必須靠後天、
人為的努力
才能獲得。

孔子

荀子

예
※禮
先天具有
的品德

예
※禮
後天的
品德

這裡有牛和馬，
有誰的力氣
可以贏過牛、
速度可以勝過馬呢？

如果有人可以
比我還快，
我就把胡蘿蔔
給他。

儘管放馬
過來。

也許地球上沒有人
能贏過牛和馬吧。

但是人類怎麼
可能這樣使喚
我們呢？我們力氣
比人大、跑得也比
人快多了。

呼呼

嘶嘶

那是因為
人們形成社會、
共同生活。

當然，如果人類
不能團結，就會
輸給你們。

如果人們團結，
力量就會變強大，
不管發生什麼事
都能克服並取勝。

但是人類的貪慾
無所不在啊！

沒錯。人類的欲望永無止
境，如果牛和馬不夠用，
人類會為了得到我們，
彼此互相爭鬥。

是的。因為人性本惡，
且擁有的東西有限。
若要讓人們避免
為了爭奪有限的資源
（例如：牛馬）而起紛爭的話，
最好的社會控制
手段就是……

禮！

哎～呀！
嚇我一跳！

如果沒有禮的話，人類……

就跟我們一樣對吧？

不過『禮』是誰創造出來的呢？

是聖人啊。

聖人嗎？

所謂聖人，就是指以前 *堯舜帝那樣的君王。

就像彎曲的木頭必須用 *檃栝在火上烤才能正形。

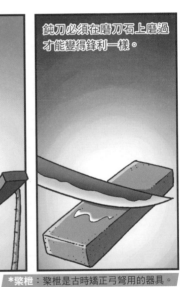

鈍刀必須在磨刀石上磨過才能變得鋒利一樣。

*堯舜帝：中國遠古時代以德治天下、締造太平盛世的堯與舜。　*檃栝：檃栝是古時矯正弓弩用的器具。

人的本性為惡，所以必須要有正確的導師以禮規範並糾正。嗯，嗯！就是要有像我這樣的老師啊。

是不是太自賣自誇了？

今日的我們也需要禮的薰陶。

· 荀子 · 荀子思想的一切都收錄在《荀子》中

《荀子 · 勸學篇》的成語故事

🍃 青出於藍、伯牙絕絃、惡木不蔭

成語故事就是古代的故事，今日以漢字組成的成語之由來。

成語故事是嗎？
嗯，有什麼呢？
啊！好，就先從
『青出於藍』開始。

『青出於藍』出自《荀子 · 勸學篇》。

青出於藍

學不可以已。
學習是不能因
任何理由而停下來的！

青出於藍

青，取之於藍，而青於藍。
青色，雖然是從藍色當中提取出來的，
色澤卻比藍色更深。
冰，水為之，而寒於水。
冰是由水凝固而成的，卻比水的溫度更低。

這話是什麼意思懂嗎？

學問一開始是向老師學習，但只要努力地學習，以後就會比老師更優秀。

哈哈哈，沒錯，你說的沒錯。

「伯牙絕絃」是春秋時代的故事。當時伯牙擅長彈琴，而他的朋友鍾子期總是能聽出伯牙琴絃聲音所含的意思。

伯牙絕弦

伯牙

鍾子期

伯牙彈琴時，心裡想到巍峨的泰山，鍾子期就能從琴音中感覺到高山。

就像高聳入天的泰山聳立在我的面前！

伯牙彈琴時，心裡想到寬廣的江河，鍾子期也能感受到。

宛如一望無際的黃河在我面前流動！

但後來鍾子期因病去世，
伯牙認為世界上再也沒有懂他的知音了。
於是，他毅然把自己心愛的琴摔碎，
挑斷了琴絃，終生不再彈琴。

哇啊

伯牙為什麼要
把琴絃弄斷？

聽我的琴音就能
懂我心聲的朋友死了，
從此我再也沒有*知音了，
彈琴又有什麼意義呢？

*知音：知道音樂的曲調，後來衍伸為知己、能賞識的人。就是從「伯牙絕絃」的故事而來。

在《荀子・勸學篇》中還有這樣的故事。從前瓠巴彈琵琶，
河裡的魚會躍出水面聆聽。

伯牙彈琴，吃草的馬會擡起頭來聽。

所以聲音雖小，但還是能被聽見；行動再怎麼隱密，仍會露痕跡。山中有玉則草木有光澤；
深潭裡若有珍珠，那麼山崖就不會貧瘠。

人只要行善不積惡，
名聲自會為人所知。

伯牙絕絃是因知己朋友
去世而感到悲傷的意思。

嗚嗚

好傷心～

除此之外還有很多成語故事

惡木不蔭

是說不在不好的
樹木下遮蔭，
你來解釋一下意思。

惡木不蔭意思是說，
有德望的人身邊
才會聚集很多人。

惡木不蔭

沒錯，
說對了。

舉手

現在知道
有人可以理解自己
是多麼幸運
的事了吧。

66

• 墨子（西元前480 ~ 390）
春秋戰國時代魯國人，姓墨，名翟。剛開始曾學習儒家，後來另創墨家學說，形成足以與儒家相媲美的學派。

墨子？吃什麼？

🍃 反戰的和平主義者

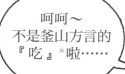
呵呵～
不是釜山方言的
『吃』*啦……

*譯註：「墨子」的韓文發音與釜山方言的「吃」相似。

大家好，我是墨子，
不是釜山方言的『吃』。
想知道我是誰？
來，仔細聽下面的故事
就會知道了。

戰國時代，魯國人魯班，在楚王的徵召下，
製作了可以攻占城牆的機器雲梯攻擊宋國。

現在只要登上
雲梯攻擊就
可以了，陛下。

楚王

哇啊～

魯班

哇啊～

哈哈哈！現在宋國
落入寡人手掌心
只是遲早的問題了！

在齊國聽到這個消息的我
——墨子，走了整整十天，
來到楚國，見到了魯班。

宋

住在北邊的人
一直找我麻煩，
我想借助先生的力量
把他殺掉。

墨子

我……
要我去殺人？

只要把他殺了，
我就給你
一千兩黃金。

我是有義之人，
才不會
去殺人呢。

我趴在地上向他磕了兩個頭。

老……
老師。

磕頭

聽說先生
製作雲梯攻打宋朝，
請問宋朝犯了
什麼罪？

楚國已經有很多土地和百姓了吧？
但是，宋國的土地狹小，百姓也少，
攻打這樣的國家不是仁善的行為。

明知不仁不智，
卻不能勸君王停止戰爭，
這是不忠；
明知錯誤卻不能說服國王，
就稱不上是剛正不阿的人。

先生嘴裡說
自己是有義之人，
不願動手殺人，
那又何必要致
宋國老百姓
於死地呢？

我懇切的話語喚醒了魯班，但是他早已向楚王表示可以進攻，
楚王也不願意取消。於是我去見了楚王。

大王，有人已經
擁有好東西了卻仍想去
偷別人的，那種人
大王您認為如何呢？

那個人
一定是有
*竊盜癖吧。

*竊盜癖：習慣性偷竊的人。

在我看來，
富裕的楚國要攻打
貧窮的宋國，
就跟那個有
竊盜癖的人一樣。

什麼？什麼竊盜癖……
話說魯班已經
造好雲梯了，
現在又不能停止進攻。

我什麼話都沒說，鬆開了我的腰帶，放在地上，
以木棍作為防禦武器，要魯班進攻。

那我就這樣
阻擋。

我要攻擊
這個地方。

魯班用雲梯進行九次攻擊，但每一次都被我抵擋住了。
他攻城的器械已經用盡，但我守城的器械還綽綽有餘。

現在你打算
怎麼辦？

我有辦法打敗墨子，
但我不會說出來。

我知道你要說什麼，
但我也不會說的。

咻刷

楚王聽了，好奇地問我方法是什麼。

魯班的想法
是把我殺了就行。
現在只要在這
把我墨子給殺了，
楚國就可以攻下
宋國了。

但是我所訓練的弟子
帶著三百名將士
正等著楚國士兵，
所以就算把我殺了
也沒有用。

知道了。
寡人不會
攻擊宋國。

啊哈，
我知道了，所以
若以矛和盾來比喻，
墨子的思想就是盾，
幫助弱者的
盾牌！

墨家贏了儒家嗎？

二百年間擄獲百姓的墨家思想

是嗎？不過有人這樣說，是長是短得測量過才知道啊。

就像前面看到的，我是反對戰爭的人。

如果戰爭無法避免，我會立刻前往較弱的一國，盡力幫助他們。

我的弟子會和大家一起守住這個城的！

哇

哇

謝謝，謝謝！我們就像是得到 *千軍萬馬一樣。

哇哇

*千軍萬馬：千名士兵萬匹馬，比喻軍力雄厚。

啊，話說回來，我還沒告訴大家我的名字。

我的名字是翟，我叫墨翟。

是敵人*！

可惜我出生和去世的年代都不確定，紀錄上只知在孔子之後，是比孟子稍早的時代。

孟子

墨子兄！

然而也有人對我的姓氏有其他看法。

絕對不可能是姓『墨』。

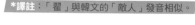

*譯註：「翟」與韓文的「敵人」發音相似。

說不定墨子是受了＊刺字刑的罪人或匠人。

這話也沒錯，墨有黑色的意思，也是指寫毛筆字時用的墨水。

墨子的膚色黝黑，說不定是因此才被稱作墨子的。

무기요...

＊**刺字刑**：古稱墨刑或黥刑，在犯人的臉上或額頭上刺字或圖案，再染上墨，作為受刑人的標誌。　※說什麼啊……

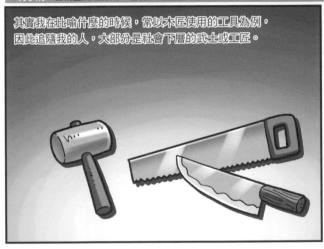

其實我在比喻什麼的時候，常以木匠使用的工具為例，因此追隨我的人，大部分是社會下層的武士或工匠。

我也曾經學過孔子的思想。

子曰……

但是很快就放棄了，孔子的思想是以社會階層的支配者為中心，所以我為窮人構思了新的思想。

要公平地愛所有人，我們反對戰爭，追求節儉度日，要彼此分享利益。

我主張的墨家思想得到窮人很大的響應，
形成了繼孔子之後最大的勢力。

我們要相親相愛！
不區分任何人，
要愛所有的人！

墨子！ 墨子！ 墨子！ 墨子！

當時墨家思想在中國鬧得沸沸揚揚。

啊 啊 啊 啊

※墨家

※儒家 儒家 儒家 儒家 儒家

孟子堅持的儒家思想已經無法阻止墨家的擴散了。

老師，
我們無法
阻止墨家了。

趕快避開
這個地方吧。

難怪孟子會這麼說：

這世上的話幾乎
都來自墨家。

※墨家

在韓非子、荀子、莊子等的書中，也將儒家和墨家並排而立稱為「儒・墨」。荀子的弟子韓非子這麼說過，

如今揚名四海的學派是儒家和墨家。

※儒墨

我也像其他思想家一樣，為了宣揚我的思想，去拜訪了許多國家的君王。

但是他們並不歡迎我。

我不能接受墨先生只為窮人著想的論述。

我們國家只要富國強兵。

墨家思想在二百年間得到很多百姓的響應，但在秦始皇統一中國後，就消失在歷史中了。不知怎麼的，覺得好傷心。

※墨家思想

當時墨家贏了儒家，不過最後剩下的只有儒家，所以儒家贏了嗎？

過團體生活?

墨家的法要像生命一樣遵守

是呀,跟隨我思想的人都集合在一起生活。

在墨家集團的領導人稱為「鉅子」,我是第一任鉅子。

鉅子的『鉅』是很大的意思,一般是指砍樹時用的斧頭。所以手持斧頭的頭頭就是鉅子。

嗦 嗦 嗦

*《淮南子》書中曾記載,追隨墨子的人有一百八十名。

墨家的法就像生命一樣!

*《淮南子》:中國前漢淮南王劉安編纂的哲學書。

只要鉅子有令,他們可以立刻跳進火海,或站立在刀刃上。

呃⋯⋯
啊、啊、啊!
我是墨家人,不管什麼命令我都會遵守。

絕對不可以跟過來!!!

即使聽從命令必須赴死,他們也不會回頭。

我們就死在這裡吧,大家上啊!

他們住在狹小的房子裡,只吃玉米、雜糧、湯等食物。

夏天穿麻衣，冬天穿鹿皮衣裳，遠離了歌舞娛樂，過著 *禁慾的生活，並為別人做事。

謝謝，
為了幫助像我們這樣的
弱國還加入戰場。

哈哈，
這不正是我們
墨家的哲學嗎？

集團中有人當官，
就把一部分俸祿
貢獻出來。也曾有人
參與了墨家
絕對不會加入的戰爭，
而被鉅子抓了回來。

*禁慾：抑制一切欲求及欲望。

那都是
後來發生的事，
不過確實是有的。

秦朝的腹䵍在擔任鉅子時，他唯一的兒子殺了人。

父親！

怎麼會做出
那種事啊。

噗倒

陛下！

我已經
聽說了。

你年事已高，
而且只有
一個兒子，
我就赦免
他的罪吧。

不，
墨家之法規定，
殺人者必須死。

這是*大義。
我是墨家人，
必須遵守墨家法。

他說完後，
就處死了自己
的兒子。

還有另一個
故事。

*大義：做人應該遵守的正義、大道理。

楚國陽城君與鉅子孟勝的關係非常要好，
所以把守城的任務交給了孟勝。

孟勝

楚國的士兵
正前來要占領
陽成君的土地。

楚國的
士兵？

這……
這個……

怎麼辦呢？

怎麼辦？
那是什麼話，
我們約定好
要守護陽城君
和這座城啊。

如果死了
對陽城君有利，
那麼就坦然
赴死吧！

可就算我們
在這裡全死了，
也對他沒有任何
幫助，而且墨家
也會從此斷絕。

如果我們違背了與陽城君的約定，
那麼日後，
世人們在尋找嚴師時，
就不會找墨家人；
尋找益友時、尋找良臣時，
都不會考慮我們墨家了。

是我的想法
太膚淺了。

行禮

孟勝與一百八十三名弟子與楚國士兵對戰，奮力守城，
最後全部身死。

有句話叫＊墨守，
是『固守到底』的意思。
如同剛才看到的故事一樣，
可以說是墨家的
行動和態度。

老百姓們
對墨家的信任，
就在於他們即使在
沒有其它方法的情況下，
仍堅持遵守約定。

＊墨水：在硯臺裡磨山的黑色液體，即墨汁。

69 ·墨子·兼愛世界

什麼是兼愛思想？

🌿 無論是誰都一樣平等的愛

兼愛是我的思想的核心。

兼愛是不分彼此，要公平地廣愛所有人。

我認為，像戰國時代這樣不是你死就是我亡的混亂情況，都是因人們不相親相愛而發生的。

如果愛我的話，就不要殺我。

對不起。

我並不愛你。

不愛人的內心為*別愛。「別」與「兼」是對立的。

要無差別地愛人。

兼愛

別愛

誰都是有差別的去愛別人。

我認為人們如果不拋棄內心對別人的差別對待，那麼世界也很難和平。

和平

*別愛：有差別的愛。

有差別的去愛，在這樣的差異性之下所發生的最壞結果，就是強國侵略弱國。

戰爭就是因為過度區分你、我才會發生的。

強者欺負弱者。

我說把那塊地給我！

抓 抓

啊，知道了，給你就是了。

多數霸凌少數，在上位者欺壓居下位的人。

狡猾的人欺騙愚鈍的人。

所以對你絕對是有利的。

我相信你。

父不慈、子不孝。

你應該孝順一點！

想要我孝順就該對我仁慈一點吧！

還有拿武器傷害別人，這一切都是因為有差別地愛人，所以我們要用兼愛來克服這些差別。

兼愛

不過老師，只有我兼愛有什麼用？這樣下去，恐怕只有我一個人吃虧而已。

那是因為你還不知道兼愛的好處。

好處？

是啊，兼愛必有益。只要我們愛別人，那麼也會有人愛我們。

會敬愛別人的父母，自然也會愛自己的父母，那麼兼愛就必然會實現。

相反地，如果是差別性的愛，我們不愛別人，自然也不會愛他們的父母。

才不跟你玩呢！ 差別

……！

父 母

假設你為了某件事要去某個地方。

你要去做的那件事很危險，可能無法平安回來，那麼你會把妻子和孩子託付給誰呢？

是要託付給會把你家人當自己家人一樣照顧的親友？還是交給覺得自己家人比你家人更優先的親友？

搔頭
搔頭

當然是交給能把我的家人當作自己家人一樣照顧的人啊。

是的，所以我主張要用兼愛克服差別性的愛。我會像孟子所說的『摩頂放踵利天下』，即使從頭到腳都磨成粉了，只要能讓世界更美好，我都會努力去做！

握拳

如果世界上所有人都有兼愛的想法，那麼世界應該就會變得非常和平。

70

什麼是理想社會？
誰都能均等生活的世界

理想社會呈現的
是每個人夢想中
真正地、人活著
的樣子。

我所主張的
理想社會是充滿
大同和謙愛的
社會。

所以雖然老了沒有子女，
但直到死都能安居樂業的社會。

即使沒有兄弟姐妹，獨自一人也能
與鄰居互相照顧、和睦相處。

就算在小時候失去父母，
也能在社會的幫助下好好成長。

這裡的 *大同是出自
《禮記・禮韻篇》，
指的是孔子描繪的
理想世界。

*大同：世界繁榮昌盛，一片祥和。

但是有一個值得深思的故事，
是關於描寫理想世界的孔子之《禮記・禮韻篇》。

《禮韻篇》中的大同
是孔子的思想，
這點我們不懷疑，
但也有一些疑問。

嗯，對。
大同思想跟儒家
有一些不相符
的地方。

現在才承認啊，
沒錯，很多學者認為
大同其實較接近墨家的思想，
所以不是孔子的思想，
應該是我的思想。

這點也不是非常明確，
應該說目前還不能確定
到底是誰的思想。

什麼……
算了，
我知道了。

鉅子，
請嚐一嚐
梨吧。

謝謝，
但是我不能吃。

好，現在開始談談理想社會吧。

即使是農夫或
做生意的人，
只要有能力
就會提拔為官。

官員錄用

農夫

商人

官不能永遠高高在上，
百姓也不會
永遠是 *卑賤的，
有本事的就提拔，
沒本事就退讓。

*卑賤：地位和身分低下。

再強調一次，如果有能力，
百姓也可以成為高官；
若是沒有能力，
那麼高官也會被革職。

喔耶！
終於輪到
我上場了！

沒有能力就該
退居幕後了……

這就是我的主張，如果在現實中實現了，
那麼我們就能以更快的腳步朝理想的社會邁進。

有力量的人幫助無力的人、
有道之人要傳授道理、
有錢的人要將財富平均分配。

希望墨子所說的
均等生活的社會
可以快點到來。

71

・**莊子**（西元前365～270）
戰國時代人，名周。為道家思想的中心人物，他否定儒家思想人為的禮教，主張回歸自然的自然哲學。著作有《莊子》一書。

莊子您要去哪裡？

🍃 涸轍之鮒，困在乾枯車轍中的鯽魚

你怎麼知道我是莊子呢？是啊，我就是莊子！原名是莊周。但是，我好餓啊……

我已經餓了好幾天了。

問我餓著肚子要去哪？
我要去附近監河侯那裡求他施捨點大米給我。

真的好餓，在抵達之前我應該會昏倒吧。

！哎喲～連說話的力氣都沒有了。

哈～走得比我還慢呢～

監河侯家

要糧食嗎？

是，請不要拒絕我，請把糧食……

現在正在收稅金……等全都收完了，就借你一點大米吧。

這……這個……

鼻屎

我對隨便打發我的監河侯說了這樣的話。

喔～
這樣啊。

我在來這裡的路上
看到一件稀奇的事，
車輪在地上輾過
留下的坑裡，
有一條鯽魚。

能不能
倒一斗水給我呢？

我快
渴死了。

是嗎？

我現在正要去越國，
到了那裡我把西江的水
引過來給你。

什麼？

我現在只要有一升半斗的水，
就能活下來。
如果要等你把西江的水引過來，
我早就已經死了，
還需要那些水做什麼！

以後要找我，
就到賣乾魚
的店吧！

凡事都要把握時效。
對口渴的人來說一杯水，
對飢餓的人來說一口飯，
都是很珍貴的。

呃……

這個故事出自《莊子・外物篇》中，叫 *涸轍鮒魚。

我自我介紹一下。
雖然不確定我什麼出生、什麼時候死亡，
不過我大概是西元前 365 ～ 270 年之間的人。

就當是和孟子生活在同一個時代就行了。

誰在說我啊？
耳朵好癢。

*涸轍鮒魚：轍，車輪輾地留下的痕跡。鮒，鯽魚。在乾枯車轍中的鯽魚，比喻非常貧窮或處於危急境地急需救援的人。

就像剛才看到，我過得很貧窮，但也很厭惡那些榮華富貴。
我嚮往在大自然中，過著自由的生活。

要釣到魚
才能填飽肚子，
魚快來吧。

但是世人們不肯讓我清靜，
都要怪我太有人氣了，真是的。

我們是楚威王
派來的使臣。

他們在車上裝滿了金銀財寶，
如果把那些賣了可以換多少米呢？

楚王賜給先生一個
宰相的官職，
請您跟我們一起走。

聽說楚國有一隻神靈烏龜，
據說已經死了三千年了，
還是被很尊貴地供奉著。

是的，
沒有錯。

要是你的話，
你願意死了只剩骨頭
卻被供奉著，還是寧可活著
在爛泥巴裡游來游去呢？

那個……
當然是
活著。

是啊！
你回去告訴楚王，
我也想活著在爛泥裡
游來游去。

如何？我那樣選擇。
也許會認為我明明連飯都沒得吃，
怎麼還那樣做，是不是太傻了？
有這種想法也無可厚非，
可是我不想被束縛，
我只想與大自然一起生活。

咕嚕嚕

但是肚子餓是
無法避免的。

就算在爛泥裡
游來游去也要活著，
這正顯露了莊子
真實的面貌。

• 莊子・透過蝴蝶夢領悟到物化

道在哪裡？

🍃 隨處可得，是每個人都有的東西

問我『道』在哪嗎？嗯，這個嘛～在哪裡呢？

好奇的話，先聽一聽莊周夢蝶的故事吧，那麼就能明白『道』在哪裡了。啊！在前面提過我的本名叫莊周對吧？

有一天我（莊周、莊子）在夢中變成了蝴蝶。

於夢裡自在飛舞，非常開心，並未意識到我是莊周。

我是莊周？還是蝴蝶？

然後突然從夢中醒來。

嗯？

醒來之後發現我還是我。

這裡不是在我家附近嗎?

我是在夢中變成蝴蝶的莊子?

還是成為莊子的蝴蝶?我搞不清楚了。

我和蝴蝶無疑是是兩種不同的存在,這個我稱之為 *物化。

這個蝴蝶夢的故事很有名,也有人叫做莊周之夢、蝴蝶之夢。

*物化:事物的變化。

這裡所說的「物化」，並非指我真的死了，而是象徵性地消失，變成了蝴蝶。對蝴蝶而言也是同樣的道理。

我認為萬物在死亡之後，會以另一種形態重新出現，所以對於這整個過程人們無需感到悲傷。

因為無論以什麼面貌重生，都具備了道，萬物的根源都是一樣的，彼此有著非常深的關聯。

簡單地說，道無所不在。

一天，一個叫東郭子的人問我。

道在哪裡？

道無所不在。

請你準確地說一下到底在哪裡？

在蚯蚓和牛蠅身上。

怎麼會在那種微小的東西身上呢？

磚頭或瓦片上也有。

越來越⋯⋯這是在取笑我嗎？

怎麼會呢？在大小便裡也有。

嘻嘻

當我說出在大小便裡也有道時，東郭子什麼話也說不出來。我對他這麼說：

我們不能將道限定在哪裡，道不會脫離任何東西。

至誠的道是如此，優秀的教誨是如此。就像到處都有和到處遍及雖然用詞不同，不過意思是一樣的。

我也有「道」喔～

那麼我們現在也來找找『道』在哪裡吧！

73

・莊子・無用之用

無用的東西有用處嗎？

🍃 看起來沒有用的東西其實卻大有用處

看上去沒用的反而是最有用的。

喂，莊子！你說的道，老實說在這人世間根本沒什麼用處吧。

← 惠施（莊子的朋友）

這個與我爭論的人，是我的老朋友惠施，是 *諸子百家中的名家代表 *辯客。

儘管有可能那樣沒錯，但要知道沒用，才能跟你談有用。

*諸子百家：春秋戰國時期各個學派的統稱。　*辯客：善於辯論的人。

比如大地，雖然土地廣闊沒有盡頭，不過人們走路時會踩到的只有腳下的地。

踩踏 踩踏 踩踏

可是，如果只留腳下的土地，其它土地全都消失，那麼對於人們來說，腳下踩著的這一塊土地又有什麼用處呢？

那個……
應該沒用吧。

看來你很清楚
無用東西的
用處了。

一位叫匠石的工匠，在去齊國的路上
經過一間祠堂，旁邊有一棵櫟樹。

那棵櫟樹非常大，大到彷彿能覆蓋數千頭牛。而且非常高，
高到可以從樹頂俯瞰山峰的程度，所以聚集了許多人前來圍觀。

這棵樹真的
好大啊，
好大！

哇！

我生平沒見過
這麼大的樹。

但是匠石毫不理會那棵樹，直接從旁邊走過去了。

師傅！師傅
等等我啊。

匠石的徒弟問他為什麼對那麼大
的樹一點興趣都沒有。

師傅，那麼大、
那麼壯觀的樹真是
前所未見，您怎麼
就這樣走了呢？

那只不過是
沒用的木頭。

什麼？

用來做船會沉，
鋸成木板會腐爛、
刨製成碗碟，
也很快就會壞掉。

...

然而那天晚上，匠石夢到那棵櫟樹。

你拿什麼跟我比較？
你說我是一點都沒用
的木頭嗎？

像梨、橘、柚等果樹，
果實成熟後就會被摘下，
大樹枝被砍斷、
小樹枝被折彎！

發抖

哈嗪

那種樹木有結果實的能力，
可卻也因此讓自己受
被摘、被折的痛苦，
所以才無法享受
*天命不是嗎？

嚇！

*天命：天生的壽命，天生的命數。

世上的事物都是這樣，所以我努力讓自己成為無用的樹木。

有好幾次我差點就死了，今天你說我沒有用，這表示我如願以償。沒有用處其實就是我最大的用處啊！

如果我有用的話，怎麼還能長得這麼大呢？你我都是微不足道的存在，就不要互相詆毀了。

沒有用的東西反而大有用處，這個故事正是最好的說明。

世人認為有用的東西或許反而會造成不好的結果，有時無用之用才是大用（大有用處）啊！

在人類的世界裡，即使有很多的用處，也不免早死，即使沒有太多用處，也一樣會死。無用之用，也就是說無用的東西一定會有用處的。

一言以蔽之，人們都知道有用的東西可用之處，但卻不知道無用的東西有什麼用處。

74

誰是井底之蛙？

🍃 關在自己世界裡的諸子百家

> 生活在狹窄井底的青蛙，誤以為天空長得像顆球。

> 你知道諸子百家嗎？

諸子百家是活躍於春秋戰國時代的學者和學派。
諸子是指學者，而百家就是學派。

> 儒家的孔子、孟子。

> 嘿咻！嘿咻！

> 道家的老子、莊子。

> 我們就是諸子百家的代表。

> 其實『井底之蛙』是用來批評諸子百家的故事。要聽一下嗎？

黃河之神『河伯』認為世上最廣最美的是黃河。

> 還有比這裡更美的地方嗎？

河伯隨著河水流向北海。

> 黃河最棒了。

但抵達北海的河伯，看到無邊無際的大海非常吃驚。
他見到北海的神「若」，嘆息說道：

俗語說，『聽到了上百條道理，便以為天下再沒有誰能比得上自己』，說的就是我這樣的人。

北海的神

若

我以為黃河是世界上最遼闊美麗的地方。

但來到這裡之後，才知道我的想法錯了。

於是若對河伯這樣說：

*井底之蛙。
不能跟井裡的青蛙談論大海，因為牠們的生活空間受到限制。

這個世界還真小啊！

*井底之蛙：比喻所見所聞太狹猥。

我們也不能
跟夏天蟲子談論冰，
因為他們
只知道夏天。

同樣地，
對見識狹窄的人講道，
他們也不會明白，
因為他們被教養
束縛住了。

一直都待在黃河，
當來到大海時，
才會發現自己生活在多麼狹隘
的世界裡。現在你可以和我
一起討論『道』了。

點頭

就像前面所言，
井底之蛙是用來
批評諸子百家的。

當然，諸子百家
也積極努力改革社會，

但是我為什麼
還要批評
他們呢？

北海的神——若對河伯說了這樣的話：
井底之蛙不能談論大海。

是的，諸子百家都把自己關在狹窄的視野裡，抱持著只有自己才是正道的想法，想要推動改革。

只有天、天、天

只有眼前、眼前、眼前

只有地、地、地

我對他們說：

世上並非只有地，還有天空。

不要關在屬於自己的世界裡，

這世界看得到的不只有天空，還有土地啊。

應該用更寬廣的眼睛看世界。

並非只有眼前的才是世界，別忘了背後也是。

如果不想成為井底之蛙，在生活中就要睜大眼睛喔。

惠施是誰？

莊子獨一無二的辯論對手

惠施和我彼此是獨一無二的辯論對手，也是朋友。前面曾經出現過吧？

大家好，我是惠施，但是史籍裡幾乎沒有關於我的內容。我是宋國人，和莊子有交情。

揮手 揮手

正如莊子所說，我是個優秀的辯論對手。就像鼓掌要兩手互拍才會發出聲音一樣，有我才有莊子啊。

惠施　呵呵

我沒有你也無所謂。

莊子

話雖這麼說，但據說在我去世時，莊子曾這麼說過，

我今後還能跟誰辯論呢？嗚嗚……

惠施

所以我在世時應該對我好一點啊！

總之我是宋國人，在梁惠王時當過宰相。

我一生走的，是與窮光蛋莊子截然不同的道路。

宰相惠施

不過我現在才自白，我曾經想過要殺死莊子。
那是在我擔任宰相時的事。

莊子來到
梁國？

是的，宰相。

在哪裡？
我得去迎接。

什麼？

關於這點傳聞倒是不少，
有人說，莊子是為了搶奪
宰相的位置而來。

不過他
為什麼會突然
來到這裡呢？

嚇！

不要這麼說，
莊子不是那種人。

到目前為止，
我還沒見過討
厭權力的人啊，
宰相。

沒有人會
討厭權力……

查查他住在哪裡，
是跟誰來的。

瞄

是，
宰相。

知道我在私底下打探消息後，
莊子自己來找我。

南方有一種鳥，
名叫鵷鶵，牠非梧桐樹絕不歇腳，
非甘美的泉水絕不喝，
非乾淨的竹實絕不啄食。

鵷鶵正往北飛去，看到下面有隻貓頭鷹飛過。

嘴裡咬了一隻腐爛的老鼠。

貓頭鷹以為鵷鶵要來搶自己的
食物，就鬆口大叫，
結果食物就掉下去了。

嗚

嗚

我聽了莊子的話，瞬間感到很不好意思，
恨不得有個地洞讓我鑽進去。

朋……
朋友。

對不起。

還有一個故事。有一天，我和莊子在湖上踩著石頭悠閒地散步。

空氣真好～

這時莊子說了。

魚兒在游呢，看魚多麼快樂。

你不是魚，怎麼能知道魚快樂？

你不是我，你又怎能知道我知不知道魚快樂呢？

我不是你，所以不知道你心裡的感覺；但你也不是魚，當然也不會知道魚是否快樂啊！

好，回到一開始，你問我怎麼知道魚快樂？那就表示你明白我的話了。

現在我告訴你，我是怎麼知道魚快樂的，因為我在這裡看到魚自在地游，所以知道魚很快樂。

呵呵～如果他們兩位當中少了任何一方該怎麼辦，那樣應該就無法感受到辯論的樂趣了吧。

· 釋迦牟尼（西元前 624~544）

佛教的創始者，古印度思想家，世界四大聖人之一，雖然他是出生於皇室的王子，但在目睹人類的生老病死後，感到相當痛苦，於是在二十九歲時出家修行，三十五歲時悟道，此後四十五年間在各地度化眾生，於八十歲圓寂。

> 呵呵～南無阿彌陀佛！什麼神啊？我也是從媽媽肚子裡出來的人啊！

釋迦牟尼是神嗎？

🍃 以王子的身分誕生，卻看透生老病死

> 王子誕生了，他將率領強大的迦毗羅衛國。

> 王子萬歲！

> 王子萬歲！

哇哇 哇哇 哇哇 哇哇

2500 年前，我出生於尼泊爾喜馬拉雅山的山麓，是迦毗羅衛國剎帝利種姓的王子。

種姓制度

僧侶 婆羅門

王族・貴族・武士
剎帝利

庶民
吠舍

奴隸
首陀羅

父親是迦毗羅衛國的劫比羅城淨飯王，母親是摩耶夫人。

> 希望你的未來充滿幸福！

> 孩子就叫『喬達摩・悉達多』。

沿續祖先中著名師尊的姓，喬達摩；悉達多則是『達成目標之人』的意思。

> 你要做一個好的統治者！

哈 哈 哈

好吵喔～

但是在我出生一週後，母親就去世了，
由阿姨摩訶闍波闍波提·瞿曇彌將我扶養長大。

爸爸希望我不知道世間的苦惱。

你應該做一個
強有力的統治者，
治理這個國家。

握拳

是

某天我和爸爸一起參加農耕祭典。

喔喔喔

叭叭叭

哇哇

哇哇

農耕祭典活動非常熱鬧。

哇哇

肚子好餓

！

在那裡，我看到許多與打扮華麗的人
不同、我生平從未見過的可憐人。

請給我
一點零錢。

如果有
枴杖……

我開始感到憂愁。

竟然有這麼
多生病、貧窮、
受苦的人……

我向老師學習各種學問，還學習了武藝和兵法。

嘿咻

喝

用功

成王之路

但對這個世界，還是充滿無法解開的疑問。

王子好像還在胡思亂想。

辦宴會讓您忘卻煩惱。

呼呼

完全沒有用。

為了避暑，我們前往夏宮。

這些華麗太虛幻了。

冬天在溫暖的冬宮度過……

只有我來這裡避寒！

誕生

生

年老

老

生病

病

死亡

死

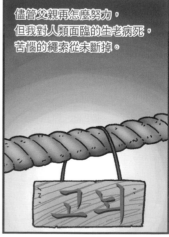

儘管父親再怎麼努力，但我對人類面臨的生老病死，苦惱的繩索從未斷掉。

正

※苦惱

請允許我出家!

激動顫抖

沒用的傢伙……

放棄這些你也要出家?

是。

這樣你也要出家?

是的。

長得真漂亮

父親說,在有繼承王室的後代之前,絕對不允許我出家。

哼!

沒有孫子,門都沒有!

什麼時候生孩子……

不管是國王還是飛禽走獸,都擺脫不了老與病的折磨。

咳咳 咳咳 咳 咳

就像第一個問題,我像你們一樣也是父母所生的人,後來才成佛,你們當然也可以。

閃!!

閃閃光耀

악 눈부셔~!
쌍라이트보다 더너~

※啊!好亮!比陽光還要亮!

我們也能成佛嗎?

結果還是逃家了嗎？

🍂 六年苦行之後得到的覺悟

不是逃家，
是出家，出家！

You must come back home ~♪

逃家的哲洙，
快點回家吧～

哇哇

哇哇

閃亮

像我一樣離開家
修行，就叫＊出家！

一步
一步

*出家：拋棄塵世間的因緣而離開家，也稱為「出塵」。

二十九歲那年，我留下妻子和兒子離開了家。

你給我們帶來痛
苦，又怎麼懂得別
人的痛苦呢！

爸爸！
不要走！

…

然後去了優樓頻羅村外，被稱為苦行林的屍陀林中。

呃～
哎喲！

顫抖

嘖嘖，這條路
是很辛苦，
看到了吧！

哎喲

出家後的二～六年間，我每天只靠一粒米、一粒芝麻維生。

這是早餐、
午餐、晚餐……

X 200

啊～好刺！
啊～好痛！

顫抖
顫抖

躺在荊棘叢裡，於刺骨的疼痛中，
保持內心的平靜。

咬緊牙關，舌頭頂著上顎，內心放鬆，
屏住呼吸，感覺全身都是汗水和熱氣。

發熱了、
發熱了、
發燒了！

呃

咳咳

咳咳咳！
差點就喘
不過氣來了。

咳咳

雖然這樣折磨身體（肉身）修行……

全身閃亮亮

儘管是
我自己的手指，
但好可怕……

嗯，
打嗝

呼～

絕食

咕嚕嚕

絕食第一天

我明白內心和肉體各自有不同的欲望。

這就叫做
*同床異夢。

內心希望藉由肉體受到的苦痛
而獲得心靈的自由。

呃!

相反地,身體也想舒服一點,
得到肉體上的自由。

我們無法
走同一條路。

*同床異夢:睡在同一個地方,卻做著不同的夢。比喻表面與內心不一致的意思。

簡單來說,假設為了減肥,
必須餓一整天,會怎麼樣呢?

炒年糕、米腸、
披薩、漢堡……
減肥的時候
覺得更餓。

咕嚕嚕…

再想像一下,被媽媽禁止玩電玩遊戲一週會怎麼樣?

大叔~
那些裝備……!

但是如果適當地玩電玩,
減肥時也能適當地吃,會怎麼樣呢?

感覺比完全
禁止時
要好多了。

這就叫
*中道!

*中道:不偏向任何一方的正道。

為肉體帶來痛苦,最後會讓心思無法集中,
如此一來會更加執著於肉體受到的痛苦。

纏住 束縛

結論是為了尋求真理,
必須擁有純淨、
平靜的心靈,
這才是最重要的。

平靜的心
⇩
真理

呃～
好髒。

驚！

到底有多久
沒洗澡了？

我想想……
大概六年了。

在經歷六年的＊苦行之後，我終於得道了，
此時我已經三十五歲。從這時候起，我，
釋迦牟尼，成為眼界大開、領悟得道的佛陀。

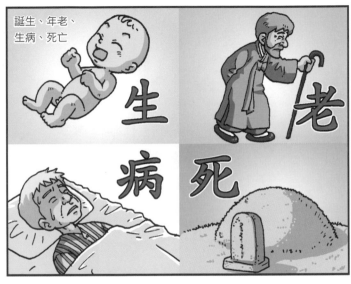

誕生、年老、
生病、死亡

生　老
病　死

*苦行：透過身體承受的苦痛來修行。

人生本身就是一種痛苦。
人類對生的欲望和對死的掛心最終只會帶來痛苦。
如果能領悟我提出的＊八正道，你們也能從欲望中解脫，
不再感到痛苦，得到內心的平靜。

如果一直當王子，
應該可以過得
很安逸啊……那麼，
你真的超越所有的
痛苦了嗎？

*八正道：釋迦牟尼將人離世解脫的修行稱為八正道，是佛教的主要教義之一，告訴人們如何修行
得以解脫的方法，這八個正道是指正見解、正思想、正語言、正行為、正職業、正精進、正意
念、正禪定。

即使母親死了也不能哭？

🫛 所愛的一切到最後都會分離

> 但也不是絕對不能哭啊……

> 孩子啊～

嗚嗚

> 釋迦牟尼，求求你救救我的孩子吧！

> 我怎麼把已死的人……

> 我聽說你可以讓人死而復生，拜託救救我的孩子吧！

> 名人可不能耍賴。

> 我來救救那個孩子。

> 真的嗎？

> 但是有條件，妳到村裡去要一把芥菜籽來！

> 這沒什麼難的。

> 但是！必須是從未死過人的家庭裡的才行。

因此，與其對即將到來的死亡感到恐懼和擔憂，
不如現在努力讓生活過得充實。

請多吃一點。

能吃就是福。

吃撐了做鬼也好看啊。

不只是死亡，人也會不想太快變老。

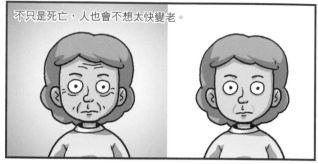

或是想早一點成為大人。

忘記自己現在的樣子，只一昧追憶過往的青春或
幻想炫麗的未來，這也是愚鈍的人生。

明天要吃什麼？

十年後到底要吃什麼？

為了六十歲能幸福，現在要拚了命的工作。

此起擔心未來，浪費能量，

苦惱 苦惱 苦惱 苦惱

不如從眼前的現實中，尋找自己能做得好的事，
並努力完成。

下一次考試目標分數是五十分！好，就試一試吧！

我八十歲時，知道自己已來日不多。

師父的病似乎越來越嚴重了。

今天最好還是先休息吧。

我真的好累啊。

師父。

師父。

學生也預感到我死亡將至，都傷心的哭了。

我們以後該怎麼辦？

您不能就這樣走了啊。

我說了那麼多關於死亡的開釋，嗯……

就像我常說的，所愛的一切總有一天會離去。

不要悲傷，你們繼續修行、弘法吧。

你們也要思考一下，自己現在應該做什麼，什麼才是重要的。

與其在生病的媽媽面前哭，不如在旁邊堅強地、好好照顧她！

雖然數學不好，但也不能放棄，要盡最大的努力！

我要先和恩地和好。

今天一定要向喜歡的素羅表白。

所以，就是從自己的身邊找到可以做的事，並盡全力去做。

善良的心是什麼？

奉獻純潔的心靈

不奢求任何回報，單純地、自然地傳達完全又絕對的愛！

敲

敲

啊！嚇我一跳。

請施捨給我一點錢。

給我飯。

手那麼髒還敢碰我。

真是髒，這衣服丟掉算了。

孩子，雖然我只有這些，但給你填飽肚子應該還是有幫助的。

唉……

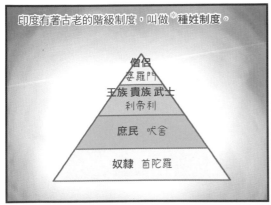

印度有著古老的階級制度，叫做*種姓制度。

僧侶
婆羅門
王族 貴族 武士
剎帝利
庶民 吠舍
奴隸 首陀羅

*種姓制度：印度的社會階級制度。在西元前1300年，入侵
印度的雅利安人為了取得優勢並支配原本的住民而制定之
宗教、社會的階級身分。從上到下分為婆羅門、剎帝利、
吠舍、首陀羅四個等級。

*穢不可觸賤民：骯髒、不可接觸的賤民，是在印度身分最
低等者的統稱。

那個孩子連四個階級中最低的首陀羅都不是，他屬於達利特，
是*穢不可觸的賤民。他們什麼工作都不能做，
也不能接近其他階級的人。

好像哪裡
傳來餿水味。

鄙視

咕嚕

鄙視

連他們喝過水的杯子都會當場被摔碎，
賤民從未受到像人一樣的待遇。

哐啷噹

哐啷噹

所有人應該平等，都應該被愛，但身為種姓制度之外、
穢不可觸的賤民卻完全沒有受到任何尊重。

餓死就餓死，
我才不會
求你呢！

我們就用發生在學校裡的事來舉例吧。

雖然現在大部分學校都有免費午餐，
但之前只有一部分孩子能得到伙食的資助。

竊語 竊語 竊語

不用付錢的
免費午餐

竊語

我爸媽辛辛苦苦賺錢繳伙食費，他們為什麼能吃免錢飯啊？

也有付不出伙食費的孩子啊！

我希望所有人都能過平等的生活，一樣都擁有錢。

哼

哇～！

可實際上並非如此。

一整個禮拜，連週末都在工作，賺到的錢卻只有十萬韓元。

我一週工作五天就賺了一百萬韓元！

人們彼此分派系，指責與自己不同的人，彼此厭惡。

喜歡少年時代的快過來吧。

Mart Junior 在這裡！這裡！*

哇啊啊啊

呀呀呀

*譯註：「少年時代」仿照「少女時代」、「Mart Junior」仿照「Super Junior」，作者用時下年輕人追星的方式表現。

不久前，美國曾發生過移民的伊拉克穆斯林女子被打死的事件。

回去你們自己的國家！

啪

啪

啪

他們認為自己的民族才是最好的，因此做出錯誤的行為。

有一天，
一個男人來找我。

我沒有
一件事情
是順利的。

那是因為你
從不施捨給別人。

我一無所有，
能施捨什麼？

有七種東西，
即使你沒有財富
也可以付出，
叫做無財七施。

無財七施

和顏施——用友善的面孔對待別人。

充滿愛的話 稱讚的話 安慰的話 鼓勵的話 謙虛的話 溫柔的話

言施——對別人說好話。

心施——要展現溫暖的心胸。

善意

眼施——用善意的眼神看著別人。

身施——要身體力行幫助別人。

坐施——看到老弱婦孺要讓座。

察施——能理解察覺對方的內心。

要記住，
在你們這個年紀，
還是有很多向別人
施捨*慈悲的方法！

施捨
並不難喔！

*慈悲：打從內心深切地愛人、憐憫、給予。

・甘地（1869~1948）
印度的政治家與民族運動領袖，倡導不抵抗、不服從、非暴力的和平獨立運動，後世尊稱他為「聖雄」（Mahatma）。

接續釋迦牟尼的東方之火

🍃 以非暴力運動為印度獨立獻身

只說我自己的事，你聽得想打瞌睡了吧？在此介紹新人物！

雖然比我——釋迦牟尼小了二千三百歲，

不過對現在的你們來說，或許是比我更熟悉的人呢！

會是誰呢？
會是誰呢？

他是將民族看得比自己的幸福還重要，一生尋找真理，引領和平獨立運動的人。

我媽媽。

金九老師。

我爸爸。

我們老師。

哈哈！

聖雄甘地！

Hi！

承蒙釋迦牟尼的介紹，真是備感榮幸。

哇

哇

18世紀後期，歐洲隨著
*工業革命興起，
許多歐洲國家開始覬覦
印度的土地。

英國和法國為了爭奪印度而戰。

碰 碰

他們為什麼搶我們的土地？

真是一廂情願啊……

英國，勝！

呀呼～

*工業革命：從十八世紀後期展開，在歐洲大約一百年的時間，各產業利用機器開始大量生產製造。

在戰爭中獲勝的英國不顧印度的抵抗，
殖民統治了印度。

哼……成為殖民者了

一直到1947年，才結束長達兩百年漫長的殖民統治，
印度之所以能獨立，其中的關鍵人物就是甘地。

喔 喔 喔

1869年10月2日出生於印度小港口城市波爾本達的甘地，
於十九歲那年赴英國倫敦大學留學。

去英國留學是我人生的轉折點～

後來於英國取得律師資格。
在他準備赴南非工作的那天……

這算什麼不合理的事！

印度人不能坐火車頭等車廂。

這就是印度人受到的歧視與差別待遇。

不止火車，連飯店也一樣。

印度人禁止進入。

嗶 嗶 嗶

餐廳也是。

Restaurant

有色人種禁止進入

氣憤 顫抖

沒有一個地方允許印度人進入。

我必須為我們民族的解放和自由而奉獻！

印度人從1860年左右開始在南非定居。

在新的土地上會重獲新生。

夢想可以成真了。

歡迎來到南非

南非是機會之地啊！

歐洲人在英國的統治地南非種植甘蔗，利用印度人從事繁重的農場工作。

只要忍耐五年，我們就能擁有自己的土地。

總會苦盡甘來的。

但現實卻並非如此，酒店、飯店、火車，他們到哪裡都遭到歧視，在印度因種姓制度而被視為「穢不可觸的賤民」之恥辱，於異國他鄉一樣必須原封不動地承受。

走動 走動 走動 走動

那時，甘地為了替在南非的印度人，爭取解放與平等而抗爭。1919年韓國爆發「三一運動」時……

韓國獨立萬歲！

萬歲！萬歲！

萬歲！萬歲！

哇哇

哇

甘地也在地球另一側的印度展開大規模獨立運動。

非暴力抵抗！

印度獨立

反對暴力

除此之外，還有抵制英國商品運動。

自己的衣服自己做。

以及＊食鹽長征。

自己要用的鹽自己製造。

＊食鹽長征：一項反對英國抬高鹽價、迫使印度人以高價購買食鹽的遊行活動。

他為印度的獨立獻身。

哇哇

如果當初只想追逐自己小小的幸福，那麼後來還會出現聖雄甘地嗎？

最後我再給你們一個問題，仔細想想你們以後要過什麼樣的生活吧！

81

·元曉（617～686）

新羅時代的僧人，俗姓薛，名誓幢，法號元曉。是新羅十大賢人之一，他創立海東宗，以「一心」與「和諍思想」為中心，致力於佛教大眾化。

是怎麼成為僧人的？

🍂 佛祖對飽受戰爭之苦百姓揭示的教誨

如果非要說理由的話，是因為三國統一戰爭嗎？其實我本來是想成為花郎的……

高句麗、新羅、百濟三國，為了韓半島的統一，有很長一段時間都處於戰爭中。

新羅與唐朝合力進攻百濟。

為什麼來我們的國家？為什麼？為什麼？

我們是來搶奪土地的！搶土地！搶土地！

西元660年百濟滅亡。

我是階伯*

百濟萬歲！

黃山伐

西元668年又進攻高句麗。終於在八年後，西元676年，統一了韓半島。

韓半島的主人是新羅。

高句麗完蛋了！

是我們幫你們完成的喔！

唐朝的將士→

---

*譯註：階伯是古朝鮮王國百濟的一位將領，在唐朝與新羅聯軍下，於黃山伐戰爭一役中奮勇抵抗，最後不幸全軍覆沒，百濟王朝就此結束。

戰爭已經好久了……

我們的新羅勝利了，不是很開心嘛！

從出生到現在看到的全是戰爭～

三國戰爭對您有什麼影響嗎？

應該說是讓我出家的決定性原因吧！

元曉

雖然現在新羅成為最終的勝者。

？

但從我出生時開始，三國就一直處於戰爭中。

나무아이타불

※南無阿彌陀佛～

新羅從西元560年*真興王統治期間，邁入全盛時期。

誰也不能小看新羅！

呸

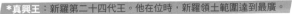

*真興王：新羅第二十四代王。他在位時，新羅領土範圍達到最廣。

一直到西元670年統一三國為止，由於這段期間不斷受到周邊的攻擊，因此真興王組織*花郎徒培養人才。

花郎徒是新羅的精神！

*花郎徒：又稱「花郎」，是新羅時期訓練青少年的一種教養團體。

西元 617 年出生於 * 佛地村的我，也深受花郎徒的影響。

小時候
的元曉
→

金庾信在當花郎
的時候，可是很有
氣概的人喔！

我也要成為
像金庾信一樣
的花郎！

*佛地村：現在的慶尚北道慶山市押梁郡。

膽小鬼，
接我一招！

啊！
快逃啊！

今天
又贏了！

媽媽，
我餓了。

如果有剩下的
米請給我……

天啊！他
們家真是太
慘了……

最小的
孩子餓死
了……

原來有很多
人因戰爭而
受苦啊……

陣亡將士

餓死的人

種點田吧。

好餓。

元曉的思想

西元648年在皇龍寺出家為僧,開始潛心修行。他沒有固定的師父,靠著天生的聰明才智領悟佛法,成為朝鮮佛教史上最偉大的學者和思想家。他不僅被評為學僧,還為了將貴族化的佛教轉變為平民佛教貢獻良多。元曉主張實踐的三個主要思想是一心、和諍、無礙。

義湘是什麼樣的僧人呢？

🍃 與元曉一起赴唐的摯友

介紹比我小八歲的好朋友！

請問元曉大師在嗎？

難道是……

很高興見到您，義湘大師。

這段時間過得好嗎？

嘻嘻嘻

元曉大師，和我一起去唐朝留學吧。

時局已經變好了……

已經過了十多年！聽說去印度研修佛法的玄奘大師回到唐朝了。

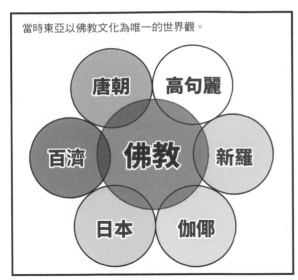

當時東亞以佛教文化為唯一的世界觀。

唐朝　高句麗　百濟　佛教　新羅　日本　伽倻

尤其是帶回新佛教思想的玄奘大師最為人所知。

義湘

聽說玄奘大師從印度回來了，我們一起去找他吧。

好啊！

元曉

我收拾好行李，前往中國的唐朝。

國內城
鴨綠江
平壤城
忠州
聞慶鳥嶺

不過當時，與唐朝抗衡的高句麗力量非常強大。
就在我們從高句麗國內城往遼東城方向前進的時候……

你們站住！

呃～這是怎麼回事？

我也不知道……

進去！

啊

我們只是想去唐朝學習佛法而已啊……

義湘和我被關在監獄裡好幾天，才因查明沒有嫌疑而被釋放。

最近時局動盪不安啊～

真是抱歉，我還以為你們是奸細。

不得已，我們只好返回寺廟繼續修行，不過無論如何，赴唐朝的想法一直都沒有改變。

這條路不是往唐朝的路……

儘管很遺憾，但我們下次再去吧！

義湘大師，這次能順利地前往唐朝吧？

當然，新羅的力量變強大，而且水路也開通了。

我們在新羅已經讀了很多關於佛法的書。

用功

苦讀

可是在新羅沒有辦法充分地研究佛法，所以還是希望去比新羅更早發展的唐朝留學。

歡迎來到唐朝

歡迎你們！

透過往來於新羅和唐朝的船隻，佛教相關書籍得以流通，人們也可以互相交流。

這是唐朝十月新刊！

熱熱鬧鬧

哲學時空旅行還沒出刊嗎？

當時唐朝的領土遍及歐洲、中東，在政治、經濟、社會、文化等諸多領域領先群國。

女真

唐朝

長安

新羅

吐蕃

所以新羅的許多人才都去唐朝留學。

唐朝是機會之地。

唐朝

當時新羅因為 *骨品身分制度的限制，許多人的能力無法得到正確的評價。以《桂苑筆耕》而聞名的新羅文豪就是最具代表性的人之一，還有……

崔致遠

給我機會的地方就是唐朝。痛哭流涕啊～

*骨品：新羅時期，根據血統而分的身分（階級）制度。

距離第一次前往唐朝半途折返已經過了十一年，義湘與我又再度收拾行囊，前往唐朝。

比我們晚了好久才出生的那一位*，好像完全沉迷於唐朝。

*譯註：指崔致遠。

聽說玄奘大師十三歲就出家了？為了學習佛法去印度待了十多年，還翻譯了大量的佛經，真是了不起。

閃亮！

玄奘

義湘與元曉雖然相差了八歲，仍像朋友、兄弟一樣相處。他們兩人的出身、性格都不一樣，真想知道他們是怎麼成為朋友的。

義湘

為什麼放棄前往唐朝留學？

🍂 從頭骨領悟到的一心思想

一切都來自那個頭骨。我現在要說的故事，在韓國的教科書裡應該都看過，因為這是很有名的故事。

元曉大師，我們在這裡睡一晚再走吧。

在這裡睡一晚應該沒什麼問題……

抖抖

抖抖

抖抖

抖抖

Z Z Z Z

啊～好渴啊……

水……水……水……

摸索

摸索

咕嚕

真好喝～

咕嚕

嚇！
這是什麼！?

大師，
您怎麼了。

我……
我居然用人的
頭骨喝水！

發抖

發抖

不是……
怎麼會也
……噁！

噁
噁

啪
啪

入口甘甜的水，
在得知居然是裝在
頭骨中的積水後，
胃裡突然感到一陣噁心，
這算什麼啊……
可這一切難道不是我自己的
內心所造成的嗎？

呼

呼

呼

好，
我決定了。

我放棄與義湘一起前往唐朝留學，獨自回到初開寺，
義湘則繼續前往唐朝。

要保重身體
早日回來呀，
義湘大師！

元曉
大師也是，
要將你的思想
實踐啊！

回到初開寺的我，思考以後要做什麼。

水好喝
不好喝……
歸根究柢都是
我自己心境的
問題。

我在半夢半醒間喝下水，感覺到清涼和美味的心情，

真好喝～

和我睜開眼睛看到頭骨後感到噁心想吐的心情，
其實是一體的。

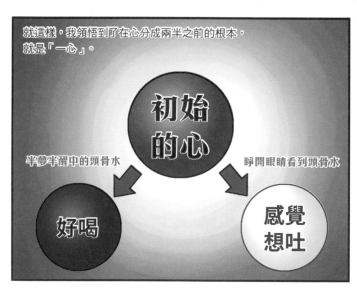

就這樣，我領悟到了在心分成兩半之前的根本，
就是「一心」。

初始
的心

半夢半醒中的頭骨水

睜開眼睛看到頭骨水

好喝

感覺
想吐

領悟到「一心」之後，
發現萬事萬物都十分珍貴，
就此展開全新的生活體悟。

即便是
微不足道的草、樹、
石頭、泥土……
全都美極了！

這也才知道，因貪心而痛苦的「我」，
原本一開始也是不存在的。

因為沒有我，
所以所謂貪心的
我就不存在。

那現在
這個你又是
什麼啊？

我領悟到放下一切貪慾的生活是多麼幸福。

這都給
妳吃吧！

妳一定是
把不好吃的
都讓給我。

噁！

※好羨慕

←成績單→ 第一名 第二名

←江北富翁
有錢最棒了！
江南富翁＊→

其實只要盡了最大努力，內心就可以滿足！

我已經盡全力了！

沒關係

是在開玩笑嗎？

成績單 第三名

第五十名

從自己擁有的東西當中尋找幸福。

對我來說沒有比這更幸福的事了。

哈哈

*譯註：江北指首爾漢江以北，是早期開發地區，現已趨沒落；漢江以南的江南則是新興高級地段，住江南感覺更高一級。

財物、不同的性別、食物、名譽等，我們若能放下因與別人不同而產生的欲望，那就是 *一切唯心造。

好像快飛起來了。

哈 哈 哈

欲望

也就是說，真理並非要向外追求，而是在自己的身上尋找，那麼你會發現幸福就在近在眼前。

幸福的定義，端看你怎麼想～！

*一切唯心造：佛教用語，是指一切都是由心生成的。

將《華嚴經》解釋成簡單易懂的《華嚴經疏》

華嚴經疏鈔

元曉 著

在佛教華嚴宗的根本經山上註釋的書。

說明解釋《大乘起信論》的著作

大乘起信論疏

元曉 著

從理論和實踐兩方面闡述大乘佛教根本思想的書。

84

• 元曉．讓佛教回到百姓的懷抱！

為百姓共有、為百姓共享、屬於百姓的佛教 響徹市集的無礙歌

為百姓共有、為百姓共享、屬於百姓的佛教？林肯總統的名言暫時借來了！

如果我也能像那樣傳達佛祖的教誨，讓所有人都可以聽到的話……

這樣應該可以了吧！

沒錯，正如人們所說，我在修習佛法的過程中，犯下了與 *瑤石公主相愛的錯誤。

我一定是一時失去理智了。

嗚嗚

成為 *破戒僧的我，從此脫下僧服，入世生活，並改名為「小性居士」。

我現在只是個微不足道的人，儘管不是僧人，但仍為了悟得佛教精神而工作！

*瑤石公主：新羅太宗武烈王的女兒，和元曉生了個兒子名為薛聰。

*破戒僧：打破佛家規矩的僧侶。

剛開始因我到處高喊 *南無阿彌陀佛而感到不以為然的人們，例如……

南無阿彌陀佛！觀世音菩薩——

*南無阿彌陀佛：相信和依靠阿彌陀佛祖的意思。

村裡賣酒的女人、

一切無礙人，一道出生死～

在巷弄玩耍的孩子，

一切無礙人，一道出生死～

大家都跟著唱起佛祖的話了。

一切無礙人，一道出生死～

那便是無礙，我把《華嚴經》中的句子像歌謠一樣唱出，讓老百姓都能跟著傳唱。

一切無礙人，一道出生死～

這種程度，應該可以稱得上是國民名曲了吧。

我認為不管識不識字、不分年齡、不論貧富，任何人都應該有機會學習佛祖的教誨。

屬於百姓的

所以是為百姓所有，

佛教～

為百姓所享，

還有那些指責我侮辱佛教的其他僧人。

真是，我覺得好丟臉啊！

那麼輕狂，還學什麼佛經！

自從發生一件令僧人們大吃一驚的事以後，就再也沒有人直言不諱地指責我了。

元曉大師看起來不一樣。

他居然把無人知曉的《金剛三昧經》解出來了！

當時沒有法師能讀懂從唐朝帶來的*《金剛三昧經》，於是我將內容解釋為通俗易懂的《金剛三昧經論》。

金剛三昧經論

元曉

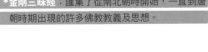

*金剛三昧經：匯集了從南北朝時開始，一直到唐朝時期出現的許多佛教教義及思想。

我在其他僧人面前講過《金剛三昧經論》。

我還以為他是個放浪的人呢！

如同傳聞一樣能力很強哪。

看來沒有什麼是他不會的。

哪裡哪裡。

不管怎麼說，元曉大師都是讓百姓得以毫無距離接近佛教的人啊！

85

• **義湘**（625~702）
統一新羅時代的僧人，新羅十大賢人之一，曾前往唐朝學習華嚴宗。回國後，接受王的命令建造洛山寺和浮石寺，為韓國華嚴宗的創始者。

兩個極端如何變得親近？

🍃 元曉與義湘的佛教世界

極端！又不是什麼極限體驗……我們是好朋友，但彼此也有很大的不同。

出身也不一樣

幼年的元曉

新羅六頭品

幼年的義湘

新羅王族真骨*

個性也不一樣

感性

話真多……是喫藥的嗎？

沉默是金～

現在幾點了……

理性

研究和傳播佛教的方法也不一樣！

踏入民眾之中

苦讀

獨自修行

安靜！

愛也不一樣

瑤石公主

薛聰

大師與佛教結婚了。

*譯註：新羅社會實行的階級制度，將人分為聖骨「純王族」、真骨「具王族血統的貴族」、頭骨、六頭品、五頭品、四頭品、三頭品、二頭品、一頭品八個等級。四頭品或以上為貴族，三頭品以下為平民。

但我們是
好朋友！

元曉　　　　　　義湘

義湘幼時名為「日芝」，十九歲在皇福寺出家為僧。之後和我一起踏上了唐朝的留學之路，最後由義湘獨自前往唐朝。

到唐朝找尋
*智儼大師。

為了聽大師弘法，
我特地從新羅來到這裡，
請您一定要收我為徒。

智儼大師

*智儼大師：中國華嚴經的大家。

就這樣，義湘跟著智儼大師研習了十年的*華嚴經。

*華嚴經：智儼大師為是華嚴宗二祖，華嚴經即為華嚴宗的重要經典，據說是釋迦牟尼成道後宣講的內容。

在唐朝學習期間
義湘認識了一位朋友，名叫*法藏，

義湘，
你好嗎？

*法藏：唐朝僧侶、華嚴宗的三祖，向智儼大師學習華嚴經。

義湘在學習方面得到了法藏的幫助。

身在異國他鄉，
要是沒有你真不知
該怎麼辦。

何必這麼見外。

西元670年，也就是去唐朝十年之後，義湘又回到了新羅。

我要在這塊
土地上廣為宣傳
華嚴宗思想。

義湘大師是
不會自誇的人，
所以就由我
接著說明吧。

嗯嗯。

從唐朝回來的義湘大師不斷修行，埋頭學習經典。

不是嗎？
義湘大師！
要見你一面
都難啊！

用功
用功！

我踏入百姓之中宣揚佛教，而義湘大師則是在深山中
默默地致力於佛教的傳播。

嘰嘰
喳喳
竊竊私語

你在說
什麼呀？

義湘大師
不是還有很優秀的
學生嗎？

義湘的門徒也在各處為傳播華嚴宗而努力。

雖然有點過獎了，
但當時我的弟子，
人稱*義湘十哲。

真定
↓

真藏
↓

能仁
↓

表訓
↓

*義湘十哲：新羅華嚴宗創始人義湘的十名傑出弟子。悟真・智通・表訓・真定・真藏・道融・良圓・相源・能仁・義寂。

義湘對佛教至誠的心始於 *洛山寺，

*洛山寺：位於江原道襄陽的寺廟。關東八景之一，是新羅文武王十一年建造的。

並遍及 *浮石寺等多座寺廟。

*浮石寺：位於慶北榮州的寺廟，華嚴十大名刹之一。新羅文武王十六年由義湘奉命建造，其無量壽殿是韓最古老的木製建築。

著有記載佛教歷史的《華嚴一乘法界圖》一書，是簡潔概括了龐大的華嚴宗思想 *壓縮而成之作品。

只要看了這個就全明白了。

四周讀懂華嚴學。

華嚴學

*壓縮：將文章內容精簡。

這種精神延續到了後代，對佛教文化產生了很大的影響。

義湘大師傳授的華嚴宗精神，在日後每當國家面臨考驗時，都成為使百姓團結一致的力量。

除了義湘大師和我、元曉之外，當然也有很多優秀的僧人。有早年統一新羅僧侶巡禮印度五國（五天竺國）歸來的慧超大師；還有高麗時代前往宋朝留學回來後，傳揚天台宗教義的大覺國師義天；高麗時代振興曹溪宗的輔國寺知訥大師，都是韓國佛教界的驕傲。

慧超（西元704～787）　　　義天（西元1055～1101）　　　知訥（西元1158～1210）

86

李滉（1501～1570）

朝鮮時代儒學家，字景浩，號退溪，禮曹判書，曾任弘文館和禮文館大提學等職，朝鮮性理學集大成者，主張理氣二元論、四端七情論。

韓幣千元紙鈔上的人像

🍃 陶山書院的主人

嗯，沒錯！
我是那個很有名的（？）
紙幣上的主角！
不過，既然要畫，
怎不把我畫在大鈔
上呢……

大家好，
我是李滉，號退溪，
所以通常大家都
叫我退溪老師。

Hi
你好
你好

我小時候失去了父親，由母親獨力養育長大，
我的母親非常嚴格。

被人家笑是
沒有爸爸的孩子
開心嗎？

嗚嗚

媽媽，
對不起！

她應該是怕我會因沒有父親而被別人捉弄，
才會那麼嚴厲吧。

嗚嗚

如果沒有
嚴厲的母親，
恐怕就沒有
現在的我。

媽媽…

我六歲就學過千字文。

天地玄黃，
宇宙洪荒……

十二歲時跟叔父學了《論語》。

叔父。

為什麼會
那樣呢～

叔父在教導時也非常嚴格，我把《論語》都背下來了，
他也沒說過一句讚賞的話。

所有一切都
循正道
就是理嗎？

你已經
理解了
那個意思。

韓國有句俗語說，讚賞能使鯨魚跳起舞來。
但是當我考上科舉，走上仕途的時候，才了解叔父的用心。

我能夠那麼
勤學不怠惰，
全靠叔父教誨。

沒錯，
都是多虧
了我。

把我養育成人、
並有這樣的成就，
都要感謝嚴格的
母親和叔父。

媽媽、叔父，謝謝你們！

我從小就非常喜歡看書。二十歲時埋頭於《周易》，甚至連健康狀況就變差了。

要先把病治好，別再看書了。

但是……
我非常喜歡
看書啊，
媽媽。

不過我只是喜歡看書而已，科舉考試並未考好。

科舉三試
都落選了。

※不合格 不合格 不合格

直到二十八歲考上進士後，
我進入成均館。

終於成為
成均館的
儒生了。

在成均館開始看[※]《心經附註》，
我連著好幾個月沒吃飯沒睡覺，只管看書。

1月 2月 3月

儘管像是自誇，不過成均館儒生中能理解
《心經附註》的儒生只有我一個。

《心經附註》嗎？
我連話都
說不出來了。

不但讀完
《心經附註》
還能全部理解？
真是了不起，
了不起！

*《心經附註》：宋朝學者真德秀撰《心經》一書，由明朝程敏政編撰的釋文，是一本可以了解人類心理的書。

後來科舉及第，經歷過多項官職之後升為成均館司成＊。不久後，我回到了家鄉。

我決定把我的號改為這條溪的名字，就叫退溪吧。

西元1548年擔任丹陽郡守，然後又擔任豐基郡守，那裡有前任郡守朱世鵬建造的白雲洞書院。

我立即上奏，獲得明宗親筆為白雲洞書院書寫＊匾額，並增加了書籍、學齋。

＊匾額：題大字於木板，高掛於門上。

這就是朝鮮時代最早的賜匾書院。賜匾書院指的是由王所賜名賜匾的書院，並會提供書籍、土地、經費等。

西元1552年被任命成均館大司成（相當於國立大學校長）。之後又多次任命官職，但都推掉了。

因為比起做官，我更喜歡學習。

後來再度回到家鄉，建造了陶山書堂，在這裡繼續研究，並教導了很多門徒。

韓幣一千元背面畫的，就是陶山書院。

後來弟子們為了紀念退溪先生，在陶山書堂後面又建了陶山書院。

＊譯註：朝鮮古代學官名稱，等同今日大學教授。

為什麼要探究人類的本性？

🌸 為了士林派領導的新政治

這個問題太難了，單用一句話來說明是不夠的。接下來好好聽老爺爺說吧。

在我生活的朝鮮時代中期發生了很多 *士禍。

干元老爺爺給我一干元…！

戊午士禍、甲子士禍、己卯士禍、乙巳士禍統稱為四大士禍。當時士林派出身的官吏常被勳舊派鎮壓。

戊午士禍
甲子士禍
己卯士禍
乙巳士禍

簡單地說，士禍就是 *士林之禍。

*士禍：指朝鮮時代官吏與儒生之間對立引起的混亂事件。

*士林：朝鮮中期主導社會和政治的勢力。

特別是1545年（明宗即位）乙巳士禍時，我也曾因牽連而辭官。

背負冤屈的哥哥（溫桂海）在回鄉途中，因嚴刑拷問導致病重而去世。

什麼？沒想到哥哥去世了。

是啊，大人。嗚嗚嗚～

嗚嗚

發抖

發抖

這樣互相殘殺的
政治局勢不能再繼續下去，
我毫無留戀地
回到故鄉。
回去以後更加努力地
做學問、教導後進。

但為什麼還是不斷發生這種事呢？
這都是因*勳舊派和*士林派的對立而造成的。

你們這些
毛頭小子
懂什麼政治？

士林派

勳舊派

政治不再
需要舊朝廷了！

勳舊派是在
朝鮮建國建功者，
於世祖時期協助
首陽大君篡奪王位，
取得政治實權的
官僚、學者們。

*勳舊派：朝鮮建國初期，因政變立功的官僚們。　　　*士林派：朝鮮中期進入中央政府，主導政治改革，批判勳舊派的新進官僚。

相反地，士林派學者則在朝鮮篡奪高麗王朝建立朝鮮王朝後，以忠臣不事
二主為由，拒絕效忠朝鮮王朝，並回鄉教書和研究儒學。

士林派是為了
牽制勳舊派
而興起的
新政治勢力。

士林　勳舊

與主張改革的士林派相比，
勳舊派的立場比較保守，
故彼此常相互衝突，
造成歷史上各種紛爭。

士林派的世界馬上就要來了！為了即將到來的世界，我應該替士林派指引前進的方向。

對這種狀況感到失望的我，為了迎接即將到來的新世界，展開對人類本性的研究。

現在，士林派必須趕走勳舊派，展開新的政治局面。

正如預想的一樣，不久後勳舊派沒落，士林派崛起。

碎

勳舊派

勳舊派～從此消失在歷史裡吧！

在事件過後，一切又回到開始，回到家鄉的我立即展開學問研究。

如果在沒有任何指引下，士林派突然掌權，肯定會重蹈勳舊派的覆轍。

最後，我終於得到了答案。

弊端

不正之風

道德性

咻喔喔喔

答案就是必須恢復道德。
我認為，為了消除勳舊派
掌權時犯下的政治、
社會不正之風及弊端，
應該致力於恢復人類
根本的道德。

就像前面看到的那樣，
我上奏讓白雲洞書院得到了王的賜匾。

當時，書院主要是祭祀高麗末期性理學始祖文成公的地方，
我進一步努力把書院建設成士林儒生學習的地方。

為了恢復道德，
我們年輕的士林應該
多參與朝廷活動，
因此要將所有造成
腐敗的勳舊派驅逐出去。
這是我們的本質，
是恢復道德的道路。

十六世紀是
士林的時代，
但也是＊朋黨的開始。
我們所熟知的
黨派鬥爭，
從那時候起就
愈演愈烈了。

＊朋黨：朝鮮時代根據理念和利害關係而形成的士林集團。

88 ·李滉·四端七情論

與年輕學者展開了辯論？

🍃 開始了與人類本性有關的爭論

辯論的年齡有什麼重要的，和我辯論的人就叫做奇大升。

我與比我小二十六歲，號「高峰」的奇大升展開了辯論。

退溪五十六歲→

這就是四端七情論，被稱為朝鮮時代儒家哲學史上最著名的辯論。

這是關於人類本性的深奧論述。

嘈嘈嘈

是朝鮮朱子學最具獨創性的大事件。

退溪

奇大升

嘈嘈嘈

嘈嘈嘈

在這裡我們先暫時了解一下什麼是「四端七情」。

四端七情

四端指的是以孟子『人性本善』之說為根據所提出，人類具有的四種感情。來，準備筆記！

惻隱之心：憐憫他人之心（仁）

羞惡之心：愧疚的心情（義）

謙讓之心：忍讓之心（禮）

是非之心：辨別是非之心（智）

七情是＊《禮記》
裡出現的詞，
意思是指天生的
七情。

喜：高興

怒：生氣

哀：傷心

樂：開心

愛：喜愛

惡：厭惡

欲：欲望

呼

呼

好多啊！

＊禮記：儒學五經之一。

四端七情論，
就是以「四端」和
「七情」展開的辯論，
主要是在爭論這兩個
範疇的情感，
應該用什麼樣的關係
來解釋。

大人！
秋巒老師
來了。

秋巒啊，
快進來吧！

這段時間
您一切安好吧。

行禮

秋巒先生是當時著名的性理學家，本名鄭之雲。
他帶了自己撰寫關於朱子學各種理論的書——
※《天命道說》，詢問我有關四端七情的問題。

看完之後
請指教。

秋巒啊，
真是辛苦你了。

湧出

關於四端七情，我是這麼說的：

這裡的四端
是從『理』啟發；
七情則是由
『氣』發出。

是。

天命道説

四端是『發自理』，
七情則是『發自氣』。

天命道説

秋巒 著

咢！

*天命道說：由秋巒鄭之雲所著，他將天命和人性的關係畫成圖，並簡單地加以解說的性理學書。

秋巒出版了《天命道說》，受到許多儒生的關注。

原來大司成是
這樣解釋的啊。

看了修改過
四端七情說法的書，
有人應該會
有意見吧？

誰敢反駁被
稱為『東方朱子』
的退溪先生!?

紛紛

議論

吵吵

鬧鬧

1558年，奇大升為了考科舉而來到首都漢陽。
在漢陽與不少書生見面，討論關於朱子學的話題。

《天命道說》？
那本書
我還沒看過。

那本書我有，
借給你。

但是看過書的奇大升提出了不同的意見，
就此開啟了「四端七情論」。

竟然這樣
修改四端七情！
就算他是『東方朱子』，
我也不能袖手旁觀。

於是，奇大升急急忙忙來到我住的西小門附近，
就像隻鬥雞一樣。

給我
出來！

快給我
出來！

要見我的人
是你嗎？

是的，
大司成大人。

非常期待
兩位精彩的
四端七情論之戰。

八年間以書信展開辯論
🍃 無止境的四端七情之爭

是啊，
八年來我一直
與奇大升進行
漫長的辯論。

奇大升對我所解釋的四端七情提出了反對意見。
剛考上科舉的年輕書生，竟敢對正三品堂上官大司成發出豪言壯語……
不過這樣其實也不壞，反正我隨時都準備好與人辯論。

『理和氣彼此是不能分離的，
所以四端包含在七情之中』，
高峰你的見解挺有意思的啊！

七情
四端
包含關係

四端 對立關係 七情

如果要爭論
這個問題，
需要花費很多時間，
我們就以書信來
繼續辯論
四端七情如何？

用書信？

是啊，
怎麼樣呢？

好啊，
大司成大人！

高峰是奇大升的號。我對他相當客氣。

針對剛才高峰反駁我的意見，我很快就會寫信回覆給你。

那麼我就恭候大人的回信了。

行禮

我寄給他一封反駁信，他也回寄給我一封反駁信。

從西元1559年1月5日到西元1566年11月6日，長達八年的時間，我們彼此互相寄信，從未間斷。

我和高峰不只針對四端七情辯論，後來也透過信件往來，關心彼此的生活，十一年間共往來一百一十封以上的書信。

當時朝鮮是明宗統治時期，但年幼的王背後有母親文定王后操縱。

文定王后相當忌憚儒學，打算重新接受佛教。

我要任命奉恩寺住持僧侶普雨為兵曹判書。

聖恩浩蕩～

咯！

還有*外戚尹元衡等勳舊派大臣隨意搬弄朝政，因此，許多儒生都辭去官職，回到故鄉。

*外戚：母親那邊的親戚。

在那樣動盪的的時代，高峰和我的書信辯論，成了朝鮮儒生熱衷的話題。

退溪先生給高峰寫了一封信。

我也要看。

讓我看看。

很多儒生看到四端七情論後，開始重新學習性理學，使性理學再度興盛。

這次退溪先生的信，似乎準確地指出了高峰暴露的邏輯漏洞。

話似乎是沒錯，不過退溪先生的邏輯也有些問題。

議論

紛紛

如果在我生活的那個時代有電視，我們兩個人上電視辯論的話，也許會創下高收視率。

那是退溪先生的錯誤。

錯誤？請出示證據。

比電影還好看。

我也該用功了。

在高峰的論述中，我接受了一部分他的說法。

老師！
您太容易接受
年輕儒生的主張了，
我擔心會對
老師的名聲
帶來傷害。

從高峰信件
的內容來看，
他的說法並沒有錯，
所以我改變自己的想法，
這不是理所當然的嗎？

但是我的主張也是對的，這點我絲毫沒有退縮。
即使在我寫的最後一封信中，也沒有動搖過我的主張。

四端和七情是不同的，
我的想法也沒有改變。
四端是發自理，
氣跟隨之；
七情則是發自氣，
理跟隨之。

我在寫給高峰的信中放低身段自稱「滉」，尊稱他為「公」。
我們彼此遵守禮儀，互相信任、互相尊重。
對於我們的爭論，張顯光是這麼說的。

張顯光

退溪先生既謙遜
又高風亮節；
而高峰先生也
一如既往，
展現出了高尚的品德。

真羨慕兩位
超越二十六歲
年齡差距的
書信情誼。

八年間以書信展開辯論 • 167

90 ● 李滉·重視理的主理論者

理與氣是什麼？
🍃 萬物存在的原理 vs. 形成萬物的質料

還會是什麼？
理和氣是
性理學的
基本概念啊！

性理學又稱朱子學，是中國南宋哲學家朱熹（朱子）對儒學的新解釋。

大家好，
我是朱熹。
性理學是在十二世紀
由我集大成的
儒家主流學派。

※性理學

朱熹的性理學理論，
對朝鮮產生了
相當大的影響。

性理學

朝鮮

就像前面所說的，
理和氣是性理學的
基本概念。

這是宇宙萬物的存在原理。

理

氣是構成宇宙萬物的*質料。
質料是指某種事物的基礎材料。

氣

*質料：等形式具備之後才構成的材料。

有點難吧？
應該很難，
再簡單
說明一下！

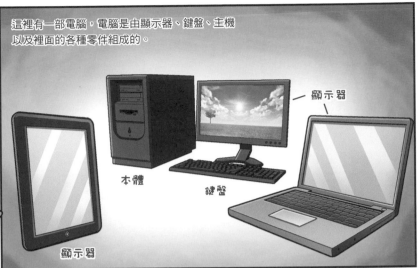

這裡有一部電腦，電腦是由顯示器、鍵盤、主機
以及裡面的各種零件組成的。

顯示器

本體

鍵盤

顯示器

但並不是說有主機、顯示器、鍵盤等，
就能成為電腦。

爸爸，
如果我不是電腦，
那我是誰？

嗯……

必須要有把電腦變成
電腦的原理和規則。

氣是我們
可以觸摸和看到的
電腦部件。

儘管肉眼看不到，但把電腦製作成電腦的原理就是「理」。

你是我的
爸爸嗎？

這個嘛……
應該不是。

嗚

搖頭

搖頭

我怎麼樣？

好，現在用這個簡單的圖表說明理和氣的差異，一起來看看吧！

理和氣的比較	
理	氣
道理、原則、本質	現象、力量、能量
理想世界	現實世界
善良無惡：人類最初只有善，沒有惡。	可善可惡：人可能會變善良，也會變壞。
絕對價值	相對價值
四端：惻隱之心、羞惡之心、謙讓之心、是非之心	七情：喜怒哀樂愛惡欲

但是，有位學者也像奇大升一樣批判我的思想，是誰？就是你們也很熟悉的栗谷。

大家好！我就是退溪先生介紹的栗谷。上面的圖表一目了然，整理得非常好。

退溪先生以理為重，主理論；而我重視氣，是主氣論，在朝鮮時代中期推動性理學的發展。

再詳細一點說明……

栗谷 李珥

退溪先生曾說，理與氣彼此是不同的，而其中以理為根本。

所以說理的問題解決了，那麼氣的問題自然就解決了。

理很重要～

但是我提出了不同的主張。我接受了退溪先生的部分主張，不過比他更強調氣，我認為只有解決氣的問題，理的問題才會迎刃而解。

退溪學派（嶺南學派）

理氣二元論

確立身分秩序

符號學派（京畿道）

原理上的理氣二元論

現實問題改革

我們是追隨退溪先生的嶺南學派學者。

我們是追隨李珥先生的符號學派學者。

總之，退溪先生被稱為『東方朱子』。*趙浩益曾說過『是繼朱子之後性理學的頭號人物』。而且退溪學傳到日本，產生了相當大的影響。不僅如此，臺灣、中國、美國學者也對退溪先生的學問進行了研究，我個人是覺得挺可貴的。

*趙浩益：朝鮮宣祖時的文臣，著有《芝山集》。

現在看來，退溪先生李滉可說是全球知名的人士啊！

• 李珥（1536～1584）
朝鮮中期的文官與學者，字叔獻，號栗谷，做過戶曹、吏曹、兵曹判書，以及大提學。發展延續性理學的朱子論，與李滉的理論對立。

為何主張「十萬養兵說」？

展望未來的政治家

聽我的話
就會幸福！
否則不聽老人言，
吃虧在眼前啊！

西元1592年，當時朝鮮的士兵一點危機感都沒有。平常也沒有任何戰備，只是荒廢度日。

每天晚上都無所事事。

你已經掌握了站著睡覺的訣竅了嗎？

宣祖二十五年，在沒有準備下，海洋彼岸的倭寇闖了進來。

朝鮮的大海真是一點都不刺激啊！

哈哈哈哈

朝鮮現在是我們的囊中物了。

就此爆發持續七年的壬辰倭亂。

快逃呀！

所以應該認真聽栗谷先生的話啊！

十多年前，在宣祖十六年時，我兼任 *大提學和 *兵曹判書。當時，南方動輒有倭寇闖入，折磨百姓。

國君在幹什麼？還不快把那些傢伙趕走！

哇哇

*大提學：類似今日的國立大學校長。
*兵曹判書：軍事和國防事務主管機關的最高負責人。

不僅如此，連女真族也加入進來欺負百姓，到處都充滿了恐懼與不安。

說什麼啊？

長相真狡猾。

是說您長得像蛟龍啦～

當時我認為，鞏固國防、擊退折磨百姓的外部勢力，讓百姓能過平安舒適的生活是最急迫的事情。

軍糧倉庫

倉庫空蕩蕩？

真是一塌糊塗！

唉～

這樣下去，國家會陷入很大的危險。

對了！

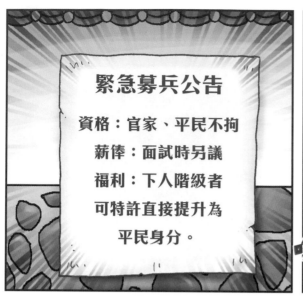

緊急募兵公告

資格：官家、平民不拘

薪俸：面試時另議

福利：下人階級者

可特許直接提升為

平民身分。

是提升身分階級的絕佳機會啊！

就是啊。我要去告訴隔壁鄰居萬德。

緊急募兵公告
資格：官家、平民不拘
薪俸：面試時另議
福利：下人階級者
可特許直接提升為
平民身分。

嘰嘰

喳喳

不只身分提升還可以賺更多錢，對動不動就闖進來的倭寇和女真族也不再恐懼，百姓們無不感到歡喜。

現在終於能睡個好覺了吧？

換了一個兵曹判書果然變得好多了。

錢還有剩嘛。

不是！說那什麼傻話！

我向王及官員們建議，招募十萬士兵以培養兵力。

要召集十萬名士兵來培養這個國家的兵力！

現在已經非～常足夠了！

不如把那些錢拿來提高我們的俸祿吧，嘿嘿～！

李珥的話當然有一定的道理，但對倭寇的想法似乎是過度擔心了對吧。

沒錯。現在都什麼時代了，還打什麼仗啊！

不僅是十萬養兵說，我還提出培養國家力量的六種方法，
寫成《時務六條》獻給了王。

時務六條

善良有能力的人才需充足。

養軍民以備戰。

國庫財務充足。

加強邊防工作。

備足戰馬。

普及教化百姓。

可那些全都沒有被接受。

你的意思我明白，
不過現在似乎
不需要……

嗯……

為了鞏固國家、
保障百姓安全
而提出的提案
遭到了拒絕。

結果十年後，西元1592年倭寇侵略了朝鮮。
對於沒有任何準備的朝鮮軍隊，
如果連李舜臣將軍的龜甲船都沒有的話，會有什麼下場呢？

栗谷李珥先生是
真心為國擔憂，
懂得展望未來的
政治家啊！

母親夢到龍？

熱愛詩的小天才栗谷

我母親夢到龍的胎夢，應該也有人夢過吧？

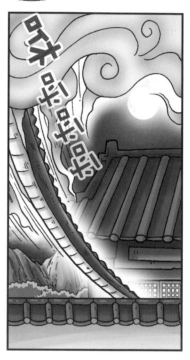

朝鮮中宗三十一年，西元1536年我出生了，在四男三女中排行老三。

這裡就是母親的故鄉，江陵烏竹軒～

那時母親為了照顧孤寡的外婆，正好回到故鄉。江陵是可以一覽蔚藍東海的美麗之地。

申師任堂

去過江陵的朋友們應該都去過烏竹軒。

夢龍室

我出生時，母親曾夢到一條龍，因此，我出生的房間就叫夢龍室。

在祖母病重之前我都住在江陵，一直到六歲為止。

奶奶，是我寫的詩！

我知道你文筆超群，但沒想到這麼有才華！

我的寫作能力受母親的影響很大。

哇哇

我也想像母親一樣寫出優秀的詩。

透過母親的指尖，好像所有生命都活了起來。

你的表現也很棒。

我的母親*申師任堂是位孝順的女兒、善良的妻子、慈祥的母親。

*申師任堂：士任堂號，栗谷李珥之母，擅長刺繡和書畫，是賢妻良母的楷模。

我六歲時回到祖母所在的漢城老家，正式開始學習。

孔子曰……

一個八歲的孩子竟然會說孔子和四書三經……

林亭秋已晚 騷客意無窮
遠岫連天碧 霜楓向日紅
山吐孤輪月 江含萬里風
塞鴻何處去 聲斷暮雲中

《花石亭》

雖然寫得不夠好，但所有人都稱讚我

啊！這是你寫的詩嗎？

還不夠好呢！

有一天村裡下了大雨，溪水都漲得很厲害。

搖搖

晃晃

搖搖

晃晃

噗

通

人掉進水裡了，這麼危險不快救人，大家都在做什麼啊！

哈哈哈哈

咳咳

快，快抓住。

謝謝。

呼

呼

那個小孩很聰明，心地也非常善良。

我也去參加
科舉考試
怎麼樣？

什麼阿貓阿狗
都可以來
考試啊。

那個小傢伙
不會是來
考試的吧？

※科舉試場

應該是跟著
爸爸來的？

狀元及第，
李珥！

媽媽！
我科舉考試
上榜了！

你覺得這是
值得稱讚的
事情嗎？

母親指責當時只有十三歲的我，
不該背著家人獨自去參加科舉；
而且現在應該是要好好學習研究學問的年紀，
我卻貪圖官名，因此讓她更生氣。

我以後會更加
專注於學習的，
母親！

從那以後，我一直反覆思考母親的話並用功學習。

學問不是為了當官，
而是要讓自己能明辨是非，
隨時都能正確地行動，
並將所學實踐。

不過，
據說他後來
又九次科舉及第，
被稱為
『九度狀元公』呢！

93

• 李珥・依照退溪先生的教誨！

是退溪老師培育的嗎？

🍃 失去母親，沉醉於佛教

沒錯，我的涵養有八成都可說是退溪先生李滉教導的……

十六歲時，我的母親申師任堂去世，我在母親的墓旁守孝守了三年。

母親的死給我帶來了相當大的變化。
十九歲，結束三年寺廟生活的我回到家，
但我失去了人生的方向。

我現在要去哪裡呢？

你要出家嗎？

不是離家出走，是出家？

你想進廟裡去嗎？

想進入金剛山修習佛學。

母親！

母親！

哪怕只有一次，只要能再見到您⋯⋯

樹葉的顏色不知不覺間變紅了，一切都在變化和消失。

我在山上住了一年左右，某一天⋯⋯

誰住在這裡啊？

是哪位？

我是在那邊寺廟裡修習佛學的李珥。

那麼，大師認為釋迦牟尼和孔子誰說的才對呢？

怎麼能斷言誰才是對的？孔子有值得學習的地方，釋迦牟尼也有值得師法之處。

儒學和佛教都是為了讓人可以正直生活的學問，只是佛教在山上、而儒學在世俗中習得而已。

照老和尚說的，那麼正直的生活又是什麼？我要去尋找答案。

那段與老和尚一起度過的時間，成為讓我再次走入俗世的力量。

好，我得去找那個人了！

陶山書院

當時在安東，退溪先生李滉的陶山書院裡聚集了很多學者，正在接受教育。

我一向尊敬老師。

我也聽說了你的事。

我們有時會口沫橫飛，展開激烈的辯論。

啊！好髒！

互相交換想法。

我和李滉先生，就各種學問提出問題，在問答中獲得知識。

我會牢記老師寶貴的教誨。

如果生我的是父母，那麼李滉老師就是培育我心性的人。對我來說，他是一位特別的好老師。

當官必須事事慎重。

按照導師的教誨，我要時時思考如何為百姓做更多事，如何正直地生活。

兩個人的名氣都大到被印在鈔票上喔～

退溪 李滉

栗谷 李珥

94

● 李珥 · 愛民政治家

鄉約與社倉制度是什麼？

🍂 讓百姓正直穩定生活的方法

是出於愛護百姓之心而提出的好制度。不過，大家覺得很有趣嗎？

追蹤者

為了成為王，誰都可以綁架！

為了成為王，可以傷害任何人！

緊握

不只如此，還可能會殺人。

等一下！你可不能為所欲為！

沒錯！

哇

哇

哇

要是讓那種人坐上王位該怎麼辦？

說的好！

那些為國家做事的人，其實心裡都只想到自己，哼！

怎麼會呢，在我們村裡不是還有李珥先生嗎？

自從他來了之後，村裡的氣氛一下子就變了。

當時我擔任清州牧史。

如何讓老百姓過正直的生活呢？

有事要好言相勸。

要對父母盡孝。

看到鄰居的錯誤應該給予忠告。

有困難的時候要互相幫忙。

你家好像缺米，到我們家來拿一點吧。

你田裡的工作好像很多，我來幫你。

互相幫助生活的幸福世界～

哈 哈 哈 哈 哈

這就是鄉約的意思。

鄉約

1. 要好言相勸
2. 目睹他人做壞事時要給忠告
3. 彼此好好相處
4. 互相幫助

不愧是栗谷啊！立即傳下去召李珥入宮！

我與清州百姓一起立下鄉約並實踐，取得了很好的結果，這消息傳到首都漢陽，我再次得到了宣祖的召見。

我們不會忘記您的教導。

我會時時站在百姓的立場思考。

不過來到漢陽的我，又再次對政治感到幻滅。

好好幹吧！

那個窮酸栗谷來了，看到他就覺得累。

嘰嘰 喳喳

將國家和老百姓丟在一旁，只想著自己利益的貪官們。

搓搓搓搓

阿諛奉承練習中

你的手掌要著火了。

與自己意見不同的人，就想辦法把對方當成逆賊趕走。

只要沒有儲君，那就是我的位置了。

嗚哇哇

我肚子餓！

對不起～

哇哇哇

到了春天就是糧食戰爭啊！

儘管辛苦耕作，沒有一天懈怠，可是百姓們的生活並沒有好轉。

我這什麼命哪，一輩子就只能在這裡種田。

就算這樣，也從來沒吃飽過啊～

咕嚕嚕嚕

把米借給老百姓怎麼樣？

怎麼能把米借出去呢？

秋收工作結束，倉庫裡會存放很多糧食。

糧食倉庫

在缺糧的春天，把糧食無利息地借給百姓。

鬧哄哄

請排隊！

糧食倉庫

這樣，每年春天挨餓的百姓也會減少。

糧食豐收時再保存起來就可以了！

真好吃！

這叫*社倉制度。

*社倉制度：朝鮮時代，各地方郡縣的穀物租賃機關於春窮期將穀米無息借給百姓的制度。

日後我仍舊會站在百姓的立場思考，找到讓百姓生活變好的辦法。

哈哈 哈哈 哈哈

希望現在也能出現像李珥先生一樣站在國民的立場、為國民思考的政治家。

現實的壁壘太高，社會改革的路還遠得很

🌸 走在時代前端的政治改革家

雖然好像是自我炫耀，不過我確實領先了時代對不對？如果我出生在現代的話……

穿梭於科學和藝術之間的天才藝術家達文西。

朝鮮後期，研究可以落實在生活中實踐的學問——「實學」的茶山丁若鏞。

二十世紀在九〇年代引領韓國大眾音樂的流行歌手「徐太志和孩子們」。

大家好，我是徐太志～

還有……

《聖學輯要》

《擊蒙要訣》

《東湖問答》

這些人都有一個共同點，那就是超越了時代。

你太自賣自誇了！

是……嗎？

搔頭搔頭

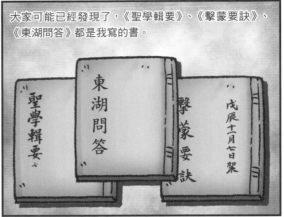

大家可能已經發現了，《聖學輯要》、《擊蒙要訣》、《東湖問答》都是我寫的書。

聖學輯要七

東湖問答

擊蒙要訣

戊辰十一月今日架

《聖學輯要》的核心讀者就是朝鮮十四代王 *宣祖！

為我寫的書？

*宣祖：雖然聘用了李珥、李滉等人才，並提出鼓勵留學的政策，但卻因朋黨之亂導致國力衰弱，且經歷了兩次倭亂。

可事實上《聖學輯要》不僅對君王，對想做學問的人來說也是一大指南。

我們也讀過這本——《擊蒙要訣》！

擊蒙要訣

戊辰十一月今日架

《擊蒙要訣》中記載了朝鮮青年做學問，以及平日時應該遵守的倫理道德。

你們在學習之前也可以讀一下喔。

此外還寫了《經筵日記》、《萬言封事》等多本書籍。

關於我的一切都在這裡面。

經筵日記

萬言封事

宣祖在位期間（西元1567年～1608年），朝鮮的情況並不是很好，經濟上百姓生活困窘。

哎喲～要活命可真難！

哇哇哇

在社會上，兩班（即貴族）的生活充滿了與百姓截然不同的奢華。

江南style

今天也要一起狂歡嗎？

軍隊的紀律固然重要，但更大的問題是……

一定很好吃…

政治人士忙著分派鬥爭，根本就沒想過照顧百姓。

西人

南人

這樣下去可不行。

《聖學輯要》

這全都是你寫的？真的很了不起！

我四十歲時在弘文館擔任副提學。懷著希望勸說宣祖進行政治改革的決心，獻上《聖學輯要》，不過改革並非輕易就能實現的。

沒有一件事順我心意。

喧嘩吵鬧

但是我百折不撓！

又怎麼了嗎？

我思考了關於朝鮮改革的方法。

讓無知的百姓也可以接受教育、培養軍人、確立政治綱紀、依法治理、讓庶民也能參與政治、靈活運用人才的方法……

哇！這麼多事要什麼時候才能做完？

循序漸進，臣認為可以從小事開始做起……

我發現朝鮮社會的問題，提出社會、經濟、政治等全面改革方案。在當時是非常前衛的想法。

想法也太超前了吧……

請問對李珥先生有什麼看法？

他說要讓我們這些卑賤的老百姓受教育，真是非常了不起的想法。

他是一位走在大家前面的人。

《聖學輯要》不僅是皇帝，只要是對學問有熱情的人都可以看。

MBS

子孫後代對我的評價都很好，真是備感榮幸！

・丁若鏞（1762～1836）
朝鮮後期學者，字美鏞，號茶山。改革柳馨遠及李瀷的實學並集大成。「辛酉邪獄」（西元1801年）時被流放到全羅南道的康津，十八年後才獲釋，著有《牧民心書》、《欽欽新書》。

設計水原華城的老爺爺！
🍃 開發起重機締造了成功

什麼都好，只是叫我老爺爺有點……是啊，我是建造水原華城的茶山丁若鏞。

看來一聽到我的名字，最先想到的是水原華城啊。

水原華城

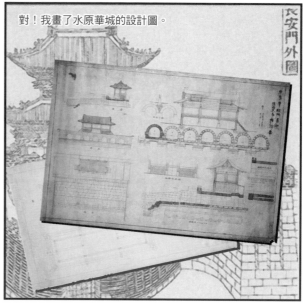

對！我畫了水原華城的設計圖。

長安門外圖

我打算在父親（思悼世子）墓地所在的華城建堡壘，這事交給誰去辦好呢？

正祖

實學思想家丁若鏞是最合適的人選。

可是，他現在不是正過著*侍墓生活嗎？

我有辦法。

*侍墓：如果父母去世，會在墓地附近建窩棚屋住三年服喪，照料墓地及供奉。

不需要親自到漢陽來，在這裡設計水原華城就可以了。

在家工作？

那時候我三十歲了，已住在墓地附近三年。

白天供奉祭拜。

拔雜哿

晚上則抽空畫水原華城的設計圖。

感覺將來會被聯合國教科文組織選中…

你們應該知道，水原華城在1997年被聯合國教科文組織選為世界文化遺產。水原華城外牆長五點七公里、面積一點二平方公里。

是一座為了兼顧軍事功能及商業活動而設計的科學堡壘。

在這裡面一切都能自給自足！

水原華城隱藏著正祖在雄偉外表下的孝心。

爺爺，救救父親吧！

別再把你父親掛在嘴邊了！

父親！父親！請放我出去。

米櫃

哐

哐

正祖皇帝的父親思悼世子因黨爭而遭到陷害，惹惱了父親英祖，被關在米櫃裡八天後含冤死去。

好委屈啊！
父王～

兒子啊～
永別了～

我一定要
洗清父親的冤屈。

英祖死後，正祖於二十五歲之齡登上王位，將東大門外的思悼世子陵墓移到了位在水原的華城。

不過要越過
漢江去華城
是個問題啊！

華城
↑父親的陵墓
漢江

在漢江造
一座橋吧！

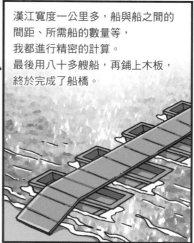

漢江寬度一公里多，船與船之間的間距、所需船的數量等，我都進行精密的計算。
最後用八十多艘船，再鋪上木板，終於完成了船橋。

要在華城上築堡壘，這事交給誰去辦好呢？

正祖想進一步建設思悼世子陵墓所在的華城。

怎麼看都是
丁若鏞最合適。

這場面好像
在哪裡看過。

在前面
出現過啊。

寡人去見
丁若鏞。

工程進行得
順利嗎?

是,殿下!
兩年半應該
就完工了。

這個東西是
什麼?

是最尖端的
器材——
起重機。

當時的起重機和現在的起重機一樣,
是為了讓工人更有效率、更迅速地工作,
所以特別開發設計的。
建水原華城時使用了十一部起重機,
工作效率可以提高四～五倍。

利用滑輪的原理,
可以輕鬆地
負重上升下降。

不管多重
我都能輕鬆
舉起來!

工作很
辛苦吧!

一搔頭

反正又不是
做白工,工錢
有二錢五分呢!

工程材料都
二話不說以原價購買,
對我們當然好啊!

不只為
我們加油,
也會讓我們
輕鬆一下!

來玩吧～

哈哈

哈哈

哈哈

這是一項動員了七十多萬人的大規模
工程。希望大家記住,在眾多百姓和
技術人員的同心協力之下,才有今日
的水原華城。

茶山老爺爺是
正祖信賴的
第一人才啊!

取得王信賴的祕訣是什麼？

🍃 向正祖講解中庸

我本來就很信任你，哈哈哈！

朝鮮第二十二代君主——正祖，在二十五歲時就登上了王位。

為了保護自己，必須壯大力量！

洪國榮，看來你得去處理一下了。

我會收拾乾淨的。

正祖皇帝即位後，立即把逼死父親思悼世子的所有僻派人馬全部清除。這件事由致力於將正祖推上王位的寵臣洪國榮負責。

啊～～

啊～～

此後，他繼承了爺爺英祖實施的*蕩平策，提高了南人黨的勢力。

我也是*南人黨出身的，我主張朝鮮要有自己的思想和文化！

*蕩平策：朝鮮英祖時期，為消除黨爭弊端，平均採用各黨派人才的政策。

還選出了李德懋、柳得恭、朴齊家等有能力的庶民出身之優秀人才。

沒想到我們也有這麼一天啊。

說我是來自鄉下地方的人才呢！

揮動！

以前笑我是庶子出身的人，我會給你們好看！嘿咻～嘿咻～

*南人黨：朝鮮時代士林派朋黨。宣祖時期，從東人黨分裂出來，形成了以柳成龍為中心的派系。

在昌德宮內設置奎章閣，培養人才，為他們研究國家事務提供學術性的支援。

你們要壓制威脅王權的*戚里和*宦官的陰謀和蠻橫，研究改善朝鮮現狀的方案。

光是管理君王的資料就夠傷腦筋了。

還有選拔優秀人才為抄啟文臣，形成一股勢力。

我也被選為抄啟文臣。設計水原華城就是這個時候的事情。

噓！專心讀書。

*戚里：皇帝的親戚。　　　　*宦官：隸屬內侍府，侍奉君主及王室起居的男人。

我第一次拜見正祖是*進士科及第時，後來生員科及會考科均上榜。

生員科　合격　丁若鏞　※合格

進士科　合격　丁若鏞　※合格

合격　丁若鏞　※合格

*進士試：五品以下官吏或港校、師部學堂學生應試的考試。有初試和複試，合格者可以獲得成均館入學和文科應試資格。

你幾歲了？

二十二歲。

終於有機會*謁見正祖。

*謁見：拜見有智慧、地位高的人。

某天在成均館唸書時，正祖給成均館儒生傳來了一張試題紙。

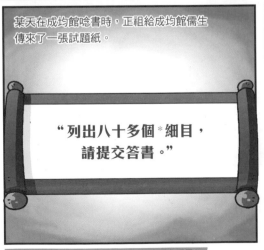

"列出八十多個*細目，請提交答書。"

根本就是小菜一碟。

挖鼻孔

*細目：根據法律或規定一一條列的調查項目。

我寫了《中庸講義》一書，一一回答八十個問題。

你是一百分中的一百分！

我真是太敬愛您了。

取得正祖的認可，我得到機會向正祖講解中庸，同時贏得正祖的高度信任，在成均館準備科舉。

中庸

1789年正式考文科舉合格，成為副司正，為正七品官員。
1791年成為 *弘文館修撰。

真是光宗耀祖啊！

我的兒子～

看到父親這麼高興，我也覺得相當幸福。

*弘文館修撰：正六品，弘文館是三士中管理宮廷經書、文書等，並提供君王諮詢的單位。

就這樣仕途一帆風順，某一天⋯⋯⋯

啊，暗行御史，要我赴京畿道嗎？

希望你能順利完成任務。

1794年，我把 *馬牌藏起，來到京畿道。

偽裝完成。

*馬牌：由尚瑞院發的牌子，讓因公務到地方出差的官員可以使用驛馬。

※竟然說我是男人？笨蛋～

小時候也很會唸書嗎？

🍂 十六歲才讀《星湖僿說》

以現代來說的話，就是打從在媽媽肚子裡就是人生勝利組囉？哈哈哈！

讓我看看眉毛～

好像被老鼠啃了一樣。

他是因為生病才那樣的。

因為眉毛分成三個，所以應該叫三眉。

有三個眉毛啊～呵呵呵、呵呵呵～

是因為你的病好了，開心才那樣的。

哥哥。

我們回老家，讓身心都休息一陣子吧。

既然回家鄉，那這個孩子就叫做歸農，如何？

因為眉毛上留有患天花痊癒後的痕跡，所以被稱為「三眉」。
十五歲之前的名字是「歸農」。

第一次看到小孩嗎？

當時放下官職回到故鄉的父親對我們兄弟來說也是老師。

來唸一唸歸農寫的吧。

小山藏大山，遠近地不同。

哇！七歲的小孩能寫這樣的詩，真不簡單哪！

嘿嘿

父親對我的才華有著高度評價，於是準備了很多值得一讀的書。

湧出

這本書你也看看。

還有六十八本書沒看啊。

父親收集了我在十歲前寫的詩，集結而成為《三眉子集》。

歸農的名詩傑作選

我在十五歲那年與漢陽會賢洞豐山洪氏的女兒結婚了。

緊握

今天起，我的名字叫若鏞。

若鏞相公……

我的姐姐嫁給了 *李承薰，後來李承薰的姐姐成為我的兒媳婦。從某種意義上來看，這段緣分可說是決定了我未來的方向。

姐姐要幸福啊～

*李承薰（1756～1801）：朝鮮最早的天主教徒，教名伯多祿，號蔓川。1801年在辛酉邪獄時殉道。

小舅子，今天和我一起去舅舅家吧。

舅舅？那不就是李家煥先生嗎？

歡迎歡迎，我已經聽過許多關於你的事了。

哪裡，我還有很多地方要學習。

哇！果然是傑出的學者。

這些都是我從來沒看過的書！

李家煥是 *李瀷的宗孫，被公認為是最傑出博學的學者，他對天文學和數學都相當感興趣，連正祖也承認了他的才能。

今後如果有什麼疑問，都歡迎你來找我。

真的可以嗎？

*李瀷：朝鮮英祖時地學者。號星湖，師承柳馨遠，為朝鮮實學代表人物。在天文、地理、醫學、經史方面均有豐功偉績，著有《星湖僿說》。

之後我不時得到李家煥老師和姐夫李承薰的幫助，開始關注新的學問。

十六歲時第一次接觸星湖先生李瀷的《星湖僿說》。

※星湖僿說

還有一個人對我有很大的影響，
就是李檗，他是我大哥的小舅子。

李檗

他個子高達八尺，力氣像大力士一樣。比起自己，
他更關心我和我哥哥丁若銓，熱愛與志同道合的人一起研究學問。

今天我們來
討論一下西學吧？

李檗是韓國最早的天主教徒，我的姐夫李承薰在1784年親赴中國，
接受了天主教的洗禮。

以聖父、
聖子之名……

我是最早
親身前去受洗
成為天主教徒
的人。

受洗回來的李承薰，努力讓更多人知道西學。

若鏞你也
受洗為
天主教徒吧。

我覺得
還是……

我那時也是第一次接觸西學。與正祖的深厚淵源、我的家族史等，
顯然都是未來的先兆。

與正祖第一次見面

與姐夫一起

感覺會
成為大人物，
不過那個西學……

99 ・丁若鏞・試圖用西學改變朝鮮的實學家

西學是什麼？
🔖 包括天主教在內的西洋科學技術與文化

西學！
簡單來說就是
西方世界的學問。

你聽過
西學嗎？

你是說
天主教嗎？

這本書
你拿去看看。

關於西學的
一切

二十三歲那年，與李檗一同乘船，那是我第一次聽說西教
（西方的宗教，即天主教）。但是當時我還在成均館讀書，
所以對西教沒有太在意。

對於我，
你一點都
不好奇嗎？

當時我得到正祖的信任，過著忙碌充實的日子。

正祖每日交辦工作

當時朝鮮是以性理學為基礎的儒家社會。

當然！儒家才是朝鮮的根本！

朝鮮的性理學者們在經歷了*丙子胡亂之後，把清朝視為蠻夷，所以存在很多反對的聲音。

天主教是不講理的思想！

那些話就算我死了也不可能實現！

*丙子胡亂：仁祖十四年（1636年），清朝率領二十萬大軍進攻。

朝鮮學者中有一群吸收西方學問、研究實學的人，也就是以我丁若鏞為首的*實學家。我們相信，不僅關於天主教的一切，還有西方發達的科學技術和文化，總有一天會給朝鮮社會帶來巨大變化。

丁若鏞	李承薰	李家煥	朴齊家	朴趾源	洪大容	李德懋
(1762～1836)	(1756～1801)	(1742～1801)	(1750～1805)	(1737～1805)	(1731～1783)	(1741～1793)

*實學家：這些學者接受西方的文化，活躍於朝鮮中期，希望將實學發展成為有助於實際生活的學問。

用西方發達的技術進行更有效率、更輕鬆的農業耕作。

在性理學中，並沒有解決現實問題的具體方案。

比起吃飽的豬，我寧願做餓肚子的兩班貴族！

咕嚕嚕

繼續待在這裡只會餓死。

思考改善百姓的生活。

爸爸，我肚子餓！

我也是…

我要吃飯…

哇哇哇

我三十六歲時，擔任黃海道谷山府使。

你就先下鄉一陣子，仔細觀察百姓的生活。

是！

還記得不久前在谷山舉行非法示威的事吧？

我聽說你正在追捕主謀。

主謀李啓心必須判處死刑，參與者也要受到嚴厲處分。

※撤回非法稅徵收！

撤回非法稅徵收！

불법 세금 징수 철회!

喔

喔

喔

喔

要繳七百兩，什麼話啊！

敲詐勒索老百姓的貪官，滾！

當時，*軍布貪汙現象蔓延，官府大幅提高軍布替代費用，由原本的二百兩增加到九百兩，李啓心帶領上千名百姓跑到官府抗議。

*軍布：在朝鮮時代，為免除兵役會以上繳布匹代替，或換算成錢繳交國庫。

剛好在我前往谷山的那天，
見到了正遭通緝的李啓心。

請體諒
百姓的
痛苦。

百姓的
一百種痛苦!!

1. 〰〰〰
2. 〰〰〰
3. 〰〰〰
4. 〰〰

於是我將李啓心帶回官衙，
重新調查事件後做出了無罪判決。

謝謝您，
大人。

我會更努力
了解百姓實際的
生活。

因為這件事，讓我更加努力了解百姓的
生活。還有一個叫李夢洙的醫學家，
治療原本患有不治之症的病人，
挽救了差一點就
被放棄的幼小生命。

應該有辦法
治療在孩子之間
傳染的麻疹吧…

我以李夢洙的療法為基礎，
編纂了治療麻疹的*《麻科會通》。

麻科會通

*《麻科會通》：朝鮮正祖二十二年（1798年）丁若
鏞編纂的《麻疹相關醫學書》。附錄中介紹了詹納
的牛痘接種法。

像這樣可以讓百姓運用在實際生活中，主張以百姓為本的政治思想就是*實學。
但是在正祖駕崩後，實學就沒能延續下去，
這是令人十分遺憾的事。

哈 哈 哈

實學對我們的
歷史發展
真的影響很大！

*實學：以民本政治、利用厚生、實事求是為基礎的實用思想。

為什麼要過流放生活？

🍂 捲入辛酉邪獄的漩渦

十八年的
流放生活……
這故事
說來話長……
一轉眼！

西元1800年正祖駕崩，年僅十一歲的純祖登上王位。
貞純王后代替年幼的純祖進行 *垂簾聽政。

真好吃～

一切奶奶
都會看著辦的，
你就別為
國事擔憂了。

將那些以前
正祖的親信
都流放到邊地去，
懲治所有天主教信徒！

사탕
더줘～!!

*垂簾聽政：君王年幼即位時，王大妃和大王大妃幫助照料政事。

※我還要吃糖

許多人被嚴刑逼供、處以死刑。正祖皇帝一駕崩，
混亂就開始了。這就是1801年發生的辛酉邪獄。

宗教自由呢？

天主啊！

這時發生了讓天主教受到的迫害越演越烈的事。

我們把天主教遭到迫害的事告訴清朝吧！

應該告訴他們朝鮮王室的暴行，阻止繼續迫害天主教。

你們要做什麼？

我們要以偷渡到清朝的嫌疑逮捕你。

想向清朝傳達消息的黃嗣永最終被抓到，遭到處死，當時他才二十多歲，真是令人惋惜。

呼哈哈

事情還沒結束。包括最早進入朝鮮的外國傳教士周文模在內，李承薰、丁若鍾、李家煥全都被處死。辛酉邪獄時有上百人被處死，四百多人遭到流放。

黃嗣永是我的侄女婿。
我和哥哥丁若銓也接受了審問，
結果哥哥丁若銓被流放到黑山島，
我則被流放到康津，
開始了十八年的流放生活。
當時我已經四十歲了。

哥，保重。！

康津

若鏞，後會有期！

黑山島

丁若銓對我亦兄、亦友、亦師，但因為流放之故，我們兩兄弟被迫分開。

哥哥……

我要被流放了，此去不知何時才能見面。期待能與你再相見的那天…

從那天之後，我們就再也沒能相見，哥哥被流放了十六年，於五十九歲時孤獨地在黑山島與世長辭。

丁若銓

我剛到康津的時候，因為是流放的身分，當地居民都人心惶惶。

住的地方不太合適，可以請您幫個忙嗎？

客棧裡只剩一間房了，不介意你就用吧。

砰！

我在這裡待了四年。

還是有被監視的危險，要小心言行才是。

第二個居所是在寶恩山房（古城寺），當時我的大兒子學淵與我一起生活，我教兒子讀《周易》和《禮記》。

還不給我好好地讀！

真不該來的～嗚嗚～本來是擔心爸爸一個人會孤單才來陪他，真不該來的～

後來又搬到牧里的李鶴來家，繼續研究學問。

流放期間我研究了許多儒學經典。

有一天住在康津的尹襮來找我。

我們在萬德山建了個亭閣，邀請您到那裡精進學問。

如此關照我，真是太感謝了。

萬德山是盛產茶葉的地方，所以也叫茶山，於是我把我的號取名為茶山，那座亭閣就叫 *茶山草堂。

*茶山草堂：位於距康津邑西南方向二十公里左右的茶山橘洞（現康津郡道巖面萬德里）的山亭。丁若鏞流放生活的後十年都在此度過，留下了光輝的學術成就。

流放生活並非都是不好的，在那段期間我得以專心學習，也提筆寫書。

我寫了關於六經四書的經學研究共二百三十二卷以及*警世遺表。

*警世遺表：純祖十七年完成，是一本論體制改革和富國強兵的書。

*《牧民心書》也是這個時候完成的。

*牧民心書：探討如何改善腐敗治理和地方行政、管理百姓之道的啓蒙書。

最後在五十七歲那年，我的流放生活結束，並回到了故鄉。

我還以為再也見不到故鄉山川了呢……

我的身邊有許多好人，因為遇見了正祖，才得以實現政治改革，研究如何造福百姓。還有許多朋友和相信我、追隨我的人。

中庸

結束流放後，茶山先生的生活

回到故鄉後，繼續度過了十八年的時光。在結婚六十週年之日（1836年），家人親戚聚在一起之時，他以七十五歲之齡逝世。

丁若鏞晚年時號「俟菴」，所謂俟菴就是「百世以俟聖人而不惑」的意思，意指「即使等待以後的聖人，也不會迷惑」。這反映了他對自己學問的自信。他去世幾十年後，朝鮮朝廷為了紀念他的貢獻，追封給他「政憲大夫奎章閣諸學」的官銜。

《出發吧！哲學時空旅行》到此結束！

出發吧！哲學時空旅行2

從孔孟到甘地，
認識奠定東洋文化基礎的12位思想家

2020 年 12 月 1 日初版第一刷發行

作　　者　　金潤秀、尹才薇
繪　　者　　朴聖日
譯　　者　　馮燕珠
編　　輯　　魏紫庭
美術編輯　　黃瀞瑢
發 行 人　　南部裕
發 行 所　　台灣東販股份有限公司
　　　　　　＜地址＞台北市南京東路4段130號2F-1
　　　　　　＜電話＞（02）2577-8878
　　　　　　＜傳真＞（02）2577-8896
　　　　　　＜網址＞http://www.tohan.com.tw
郵撥帳號　　1405049-4
法律顧問　　蕭雄淋律師
總 經 銷　　聯合發行股份有限公司
　　　　　　＜電話＞（02）2917-8022

購買本書者，如遇缺頁或裝訂錯誤，
請寄回調換（海外地區除外）。
TOHAN　Printed in Taiwan

國家圖書館出版品預行編目（CIP）資料

出發吧!哲學時空旅行.2:從孔孟到甘地,認識
奠定東洋文化基礎的12位思想家/金潤秀,
尹才薇著;馮燕珠譯.-- 初版.-- 臺北市:臺
灣東販股份有限公司,2020.12
212面;18.8×25.7公分
譯自:철학 100 장면. 2: 동양 철학
ISBN 978-986-511-535-7(平裝)

1.中國哲學 2.東方哲學 3.通俗作品 4.漫畫

120　　　　　　　　　　　　　　109016976